AF201407

EB

Edition Bieber

2. Auflage 2019

Zum Buch

Die Gefühle, Gedanken und Wünsche eines Menschen sind in ihrer Intensität und Kombination individuell, weil jeder Mensch einmalig ist und jeder Lebenslauf auch. Und doch gibt es Ähnlichkeiten.

Über die eigenen Gefühle, Gedanken und Wünsche zu schreiben, das lohnt sich.

Das zeigt die Emotions-Deskription

Zur Herausgeberin:

Dr. Uschi Hohenbild, Diplompsychologin

Uschi Hohenbild (Hrsg.)

Emotions-Deskription

Über eigene Gefühle schreiben

Inhalt

Zu Beginn: Wie es zu diesem Buch kam

Zu Beginn habe ich mich gefragt:
a) **was** ich mit diesem Buch erreichen möchte
b) **für wen** ich es schreibe und
c) **wie** ich es schreiben möchte.

Zu a) und damit zu der Frage, was ich mit diesem Buch erreichen möchte. Geld verdienen? Wäre schön, das ist aber nicht im Mittelpunkt meines Interesses. Manchen Menschen zu einem besseren Leben zu verhelfen? Ja, ich habe Sendungsbewusstsein, weil ich davon überzeugt bin, dass die Emotions-Deskription tatsächlich weiterhilft die eigenen Gefühle zu erforschen, ihnen Namen zu geben und darüber zu schreiben. Indem ich über meine Gefühle schreibe, werden diese bewusster und ich kann besser damit umgehen und im Idealfall mein Verhalten positiv verändern.

Zu b) und zu der Frage, für wen ich dieses Buch schreibe.-
Am liebsten wäre mir die Antwort: Für alle Menschen.

Mit dieser Antwort ist ein hoher Anspruch verbunden. Dieses Buch soll Menschen ansprechen, die sich in einer besonderen Lebenssituation befinden. Vielleicht sind sie sehr traurig, sehr zornig, sehr eifersüchtig, sehr einsam oder sehr verliebt. Diese Menschen haben emotional viel zu verarbeiten. Wenn sie bereit sind über ihre Gefühle zu schreiben, dann ist die Emotions-Deskription ein lohnender Weg.

Zu c) und zur Frage, wie ich dieses Buch schreiben möchte.
Im Laufe meines Lebens habe ich viele Ratgeber-Bücher gelesen. Oft fühlte ich mich eingeschränkt und bevormundet, wenn ich Sätze wie diesen gelesen habe: "So formulieren Sie ihre Texte schneller, verständlicher und wirksamer."

Gibt es wirklich diese allgemeingültigen Regeln? Es mag sein, dass ich eine besondere Empfindsamkeit zeige, wenn mir jemand sagt oder vorschreibt, wie ich etwas besser zu machen habe. Dann stellt sich bei mir die Frage, woher weiß der- oder diejenige das? Oder, soll mir da wieder mit Versprechungen etwas verkauft werden, das doch nicht dem genannten Nutzen entspricht?

Sobald ich "Sie sollen" oder "Sie müssen" oder eine dieser ähnlich formulierten Aufforderungen lese, spüre ich Widerwillen.

Daher möchte ich auf diese Formulierungen "Sie sollten" oder "Sie müssen" verzichten und trotzdem an-
regen, sich auf diese, aus meiner Sicht, abenteuerli-
che und gewinnbringende Reise zu den eigenen Gefühlen in schreibender Form einzulassen.

Mit dem Schreiben habe ich schon als Kind gute Erfahrungen gemacht. Ich schrieb fast regelmäßig Tagebuch. Als Jugendliche habe ich meistens dann geschrieben, wenn ich mich verliebt oder Liebeskum-
mer oder ich mich über meine Eltern geärgert hatte.

"Papier ist geduldig", dieser Spruch trifft auch hier zu.
Denn wer ist in fortgeschrittenem Alter freiwillig bereit, sich diese über Seiten erstreckenden Schwärme-
reien oder Liebesfrustrationen eines Teenagers anzu-
tun? Aber mir hatte dieses Schreiben zu diesem Zeitpunkt geholfen. Wenn ich heute lese, was ich damals
zu Papier gebracht habe, dann erfüllt es mich mit
Staunen, wie naiv ich damals war.

Später habe ich nur noch geschrieben, wenn es mir
schlecht ging, wenn ich wütend, enttäuscht oder alleine war und Hilfe suchte. So wie manche Christen,
die nur dann beten, wenn sie in Not sind und Gottes
Hilfe brauchen, habe ich mich verhalten. Manchmal
erhört Gott die Gebete und manchmal nicht.

Das Schreiben hat mir geholfen. Es war oft nur ein kleiner Schritt der Entlastung, aber immer mit einem Erkenntnisgewinn verbunden, der meinen Denk- und Handlungsrahmen erweitert hat.

1. Übers Schreiben

Im Kindergarten und in der Schule war ich ein stilles, schüchternes Kind. Ich wagte vieles nicht zu sagen, obwohl sich in meinem Kopf ständig Gedanken, Gefühle und Worte formten. Als ich Lesen und Schreiben gelernt hatte, begann ich manches, was sich in meinem Inneren abspielte, aufzuschreiben. Wenn mich meine Mutter, mein Stiefvater oder andere Erwachsene nicht verstanden oder wenn ich mich ungerecht behandelt fühlte, war oft mein einziger Trost mein Tagebuch. Meistens abends im Bett, beim schwachen Licht der Nachttischlampe, ließ ich meinen Wünschen und Gefühlen freien Lauf. Danach war das Einschlafen leichter. Ich hatte mir etwas von der Seele geschrieben.

Nicht jeden Tag verspürte ich das Bedürfnis etwas niederzuschreiben. Aber manchmal griff ich zu meinem Heft oder Block und vertraute dem Papier meine Wünsche, Freuden, Befürchtungen, Wut und Enttäuschungen an. Das Verfahren hatte sich bewährt. Jedes Mal entstand ein kleiner Freiraum, eine kleine Entlastung und manchmal nicht nur ein kleiner, sondern ein großer Erkenntnisgewinn.

Als ich eine schwere Lebenskrise bewältigen musste, wählte ich einen anderen Weg. Zu einer festgelegten Stunde, nachmittags um 16.00 Uhr legte ich ein Band von 60 Minuten in meinen Kassettenrekorder und stellte ihn auf Aufnahme. Ich machte mir zur Aufgabe, alles, was mir durch den Kopf ging, spontan zu äußern, auch wenn es nur Worte oder Laute oder keine ganzen Sätze waren. Manchmal sagte ich nicht viel in dieser Stunde, weinte und spürte nur Leere. Manchmal redete ich ununterbrochen. Wenn das Band zu Ende war, nahm ich meinen Block, spulte an den Anfang, hörte das Band stückchenweise ab und schrieb das auf, was ich in dieser Stunde gesagt hatte. Oft entstand das Bedürfnis nach Ergänzung oder Kommentierung des Aufgeschriebenen. Ich setzte mir keine Grenzen, sah nicht auf die Uhr und füllte die Seiten. Auch wenn die Fortschritte erst kaum wahrnehmbar und die Schritte zur Besserung anfangs minimal waren, hat sich dieses zeitaufwendige Verfahren gelohnt. Ganz langsam konnte ich mich etwas besser verstehen, mit mir etwas mehr ins Reine kommen und meinen Alltag wieder besser bewältigen.

Im Laufe meines Lebens lernte ich Menschen kennen, die ähnliche positive Erfahrungen mit diesem «persönlichen» Aufschreiben gemacht hatten. Als eine gute Freundin von mir eine Ehekrise mit anschließender Scheidung durchleben musste, schrieb sie die Ereignisse und ihre damit verbundenen Gefühle in Form eines Märchens nieder. Sie war die Königin und ihr damaliger Ehemann der König. Die anderen Personen wurden zu Adeligen ernannt, die von ihr bestimmte Funktionen bei Hofe bekamen. Für meine Freundin besteht kein Zweifel daran, dass ihr das Aufschreiben dieses Märchens viel geholfen hat. Vor allem hat es dazu beigetragen sich nicht als hilfloses Opfer zu fühlen, sondern die eigene Macht und den eigenen Gestaltungsspielraum zu erkennen und zu nutzen. Auch war es ihr möglich, negativen Gefühlen, derer sie sich geschämt hätte, Raum zu geben.

In meinen Beratungsgesprächen sind schriftliche Hausaufgaben in Form von persönlichem Aufschreiben nicht Pflicht, sondern eine wünschenswerte Begleitung. Trotzdem habe ich in meiner langjährigen Berufspraxis nicht erlebt, dass sich jemand dagegen ausgesprochen hat. Meistens wurde ich angenehm überrascht. Fast alle Ratsuchenden schrieben nicht nur eine, sondern mehrere Seiten voll, und selbst anfänglichen Skeptikern wurde mit der Zeit der Erkenntnisgewinn deutlich.

Es sind die guten eigenen Erfahrungen, die Erfahrungen aus meinem Freundes- und Bekanntenkreis und die Erfahrungen aus meiner Beratungstätigkeit, die mich veranlassen, dieses persönliche Aufschreiben in den Mittelpunkt meiner Betrachtungen zu stellen und auch anderen Menschen nahe zu bringen. Aus meiner Sicht ist es sehr gut sich etwas von der Seele zu reden, aber fast immer besser, es sich auch von der

Seele zu schreiben. Um dieses persönliche Aufschreiben von der Berichterstattung, dem Tagebuchschreiben und dem Verfassen von Memoiren abzuheben, habe ich es Emotions-Deskription genannt.

Bei der Emotions-Deskription steht die Beschreibung der eigenen Gefühle oder Emotionen im Mittelpunkt. Ich mache keinen Unterschied zwischen diesen Begriffen.

Gefühle sind immer mit Wünschen und Gedanken verbunden. Die Unterscheidung dieser drei Bereiche soll dieses Beispiel zeigen:

Gedanken
Es ist alles viel schwerer als ich dachte...

Gefühle
Ich bin einsam und traurig...

Wünsche
Ich möchte eine zweite Chance...

So schrieb Karin von ihren Gedanken, Gefühlen und Wünschen:
Es ist alles viel schwerer als ich dachte. Die Trennung von Peter hatte ich mir nicht so vorgestellt. Ich bin mir nicht mehr sicher, ob es wirklich richtig war ihn ohne ein Wort zu verlassen.
In den Filmen sieht das einfach aus. Man legt einen Zettel auf den Tisch oder heftet die Nachricht an den

Kühlschrank: „Ich verlasse dich. Wie mir unsere vielen Streitereien gezeigt haben, kannst du mich nicht verstehen. Von nun an hast du wieder deine Freiheit. Du kannst machen was du willst, darfst auch deine Hemden waschen und bügeln und das Haus aufräumen und putzen. Vielleicht findest du ganz schnell wieder eine Dumme, die deinen Vorstellungen entspricht. Viel Glück. Endlich muss ich Dich nicht mehr bedienen und kann ein selbstbestimmtes Leben führen."

Dabei hatte es mit uns so gut angefangen. Wenn ich die Seiten in meinem Tagebuch lese wie alles zwischen Klaus und mir begonnen hatte, dann spüre ich ein tiefes Gefühl von Traurigkeit und Einsamkeit. Das Ende unserer Beziehung ist für mich unfassbar. Wie konnte ich mich so sehr täuschen? Was war schiefgelaufen? Wann hatte diese Schieflage angefangen? Und warum meldet sich Klaus nicht und akzeptiert wortlos meine Entscheidung?
Ich wünsche mir eine zweite Chance.

2. Emotions-Deskription als Aufschreiben von Wünschen, Gedanken und Gefühlen

Bei der Emotions-Deskription hat das Aufschreiben von Gefühlen, Wünschen und Gedanken den größten Stellenwert. Alles andere, wie Ereignisse, Räumlichkeiten oder Zeitangaben bilden lediglich den Rahmen. Daher dürfen Zeitangaben oder Ortsangaben großzügig gehandhabt werden.

Zwei Beispiele sollen das verdeutlichen.

Beispiel:
Mit dem Satz:»*Um 15.30 Uhr erreichten wir den Kölner Hauptbahnhof. Der Zug hatte einige Minuten Verspätung, und wir mussten uns sehr hetzen, um den Anschlusszug nach Hamburg zu erreichen*», befinden wir uns noch nicht ganz bei der Emotions-Deskription.

«Ich war unruhig über die Verspätung des Zuges. Ich wusste, jetzt müsste ich wieder hetzen, um den Anschlusszug zu bekommen. Das ärgerte mich sehr. Besonders wenn ich an die hohen Preise der Bahn dachte, hätte ich in diesem Moment Gift und Galle spucken können. Aber was sollte ich tun? Es ist ganz schöner Mist sich hilflos zu fühlen. Außerdem ärgerte ich mich über Monika. Die schien das Ganze mit einer

*ekelhaften Ruhe zu ertragen. Warum hatte ich bloß
so viel in meinen Koffer gepackt? Jetzt musste ich
mich auch noch darüber ärgern, mich hetzen und
noch mit diesem schweren Koffer abplagen. Am liebsten hätte ich ihn mit vollster Wucht auf die Gleise ge-
worfen. Die vielen Klamotten hatten meinen Urlaub
auch nicht schöner gemacht. «*

Bei diesem Beispiel werden Gefühle, Gedanken und
Wünsche erkannt und ungeschönt und ehrlich dargestellt. Es entspricht dem «persönlichen» Aufschreiben
und damit dem, was ich unter Emotions-Deskription
verstehe.

Beispiel:
«Meine Schwiegermutter öffnete uns die Tür und tat
freundlich wie immer. Sie hatte kein richtiges Ge-
schirr, sondern Plastikteller auf den Tisch gestellt, um
das Spülen zu sparen.»

Diese Beschreibung entspricht auch nicht ganz der
Emotions-Deskription, weil die Gefühle, Gedanken
und Wünsche fehlen.

*«Meine Schwiegermutter öffnete uns die Tür, und so-
fort spürte ich Abneigung und Wut in mir aufsteigen.
Obwohl zwischen uns nichts in Ordnung ist, tat diese
verlogene Person freundlich wie immer. Ich hatte erwartet, dass sie uns zu Ehren den Kaffeetisch mit ih-*

rem guten Service gedeckt hätte, schließlich kamen ihr Sohn, ihre Schwiegertochter und ihre Enkelin selten genug zu Besuch. Stattdessen standen Plastikteller auf dem Tisch. Ich fand das herabsetzend und entwürdigend. Das hat sie nur gemacht um mich zu ärgern, dachte ich wütend, sagte aber nichts. Lächerlich ist die Ausrede, sie wolle sich das Spülen sparen. Wenn jemand spült, dann bin ich das. Bei jedem unserer wenigen Besuche habe ich gespült, da hat sie nicht „Nein" gesagt, wenn ich ihr das angeboten hatte. Am liebsten wäre ich sofort wieder gegangen oder hätte ihr meine Meinung ins Gesicht gesagt: «Du blöde, alte Schlampe, du kannst mich mal kreuzweise.» Aber ich bin geblieben, habe innerlich vor Wut gekocht und habe nichts gesagt. Ich habe es nicht gewagt, hatte keinen Mut und wollte auch keinen Krach mit meinem Mann riskieren. Wenn wir über mehr finanzielle Mittel verfügen würden, bekäme sie eine Spülmaschine geschenkt, obwohl sie bis heute diese Anschaffung für überflüssig hält.»

Diese Darstellung entspricht der Emotions-Deskription, weil Gefühle, Gedanken und Wünsche genannt werden.

Emotions-Deskription ist das persönliche Aufschreiben von Gefühlen, Wünschen und Gedanken.

Also: **Emotions-Deskription ist <u>nicht</u>:**

21

a. allein das Beschreiben von Ereignissen
Beispiel:
Heute war ich mit meiner Freundin einkaufen.

b. etwas nur «schön» und wohlklingend zu beschreiben
Beispiel:
Wir waren entzückt von dem azurblauen Himmel, der sich über uns wie ein Kuppeldach wölbte.

c. Memoiren zu schreiben, die zwar die Reihenfolge der Ereignisse darstellen, aber nichts über die persönlichen Gefühle, Wünsche und Gedanken verraten
Beispiel:
Am 4. April 1985 habe ich Klaus mein Ja-Wort in der Johanniskirche in Gießen gegeben. Am 13.Juni 1986 kam unser Sohn Wolfgang auf die Welt.

Es gibt Menschen, die es schaffen Ereignisse und ihre Gefühle, Wünsche und Gedanken anschaulich und wohlklingend zu beschreiben. Schön, wenn jemand das Talent besitzt, aber für die Emotions-Deskription ist es nicht notwendig.

Gut ist es, Wünsche, Gedanke und Gefühle ehrlich zu beschreiben.

Leider ist die Frage: "Was habe ich wirklich empfunden? War es Zorn? Neid? Eifersucht?" nicht immer einfach zu beantworten. Auch bezüglich der eigenen Wünsche kann Unklarheit bestehen. Z.B.: Möchte ich meine Schwiegermutter wirklich durch den Fleischwolf drehen? Oder: Möchte ich meinem Chef am liebsten in den Hintern treten? Und darf ich Begriffe verwenden, die ich sonst nicht laut sagen würde, wie „die alte Schlampe". Ja, das darf ich, wenn ich in diesem Moment eine Erleichterung damit verbinden kann und mir der Freiheitsrahmen, den ich bei meinem Schreiben, aber nicht in der Kommunikation mit anderen Menschen habe, bewusst ist.

Andere zu belügen fällt oft nicht auf. Sich selbst zu belügen, ist bei der Emotions-Deskription uneffektiv. Das Selbstbelügen kann mit großen Felsbrocken verglichen werden, die den Weg zu neuen Erkenntnissen und in eine angenehmere Zukunft versperren.

3. Wege zur ehrlichen Beschreibung von Wünschen, Gedanken und Gefühlen

Die Emotions-Deskription lebt von der Wahrhaftigkeit. Es gibt Barrieren, die den Weg zur Wahrheit verstellen können. Drei dieser Barrieren möchte ich nennen und Wege zur Überwindung aufzeigen.

„Ich-weiß-nicht-was-ich-fühle"-Barriere

Gefühle haben Namen. Wir kennen Liebe und Hass, Trauer und Freude. Empfinden wir diese starken Emotionen, können wir ihnen meistens den betreffenden Namen geben. Aber eine Unterscheidung zum Beispiel zwischen Wut und Zorn, Freude und Schadenfreude, Trauer und Enttäuschung kann Probleme bereiten. Manchmal erleben wir Gefühle diffus, und sie entziehen sich der klaren Benennung. Es gibt mindestens drei Möglichkeiten diese Barriere zu überwinden:

Erste Möglichkeit: Die spontane Namensgebung. Ohne lange zu überlegen, aus dem Moment heraus, bekommt das, was ich in diesem Moment empfinde, einen Namen.

Beispiel:
Als ich morgens in mein Auto stieg, war nicht nur der Himmel grau. Auch ich hatte eine Schlechtwetterstimmung, wenn ich an meine Arbeit dachte.

Ob der Name einer gewohnten Bezeichnung oder einer fantasievollen Neuschöpfung entspricht, ist nicht entscheidend. Das Entscheidende ist meine Fähigkeit sofort einen Namen für das, was ich fühle, zu finden und aufzuschreiben. Es kommt bei dieser Namensgebung nicht darauf an, ob sie schön klingt oder besonders fantasievoll ist. Wichtig ist es, dass ich genau weiß, welches Gefühl ich mit diesem Namen verbinde, auch dann, wenn ich meinen Text, meine Emotions-Deskription Jahre später lesen sollte.

Zweite Möglichkeit: Die überlegte Namensgebung. Wenn ich etwas empfinde ohne es benennen zu können oder jegliche Namensgebung auf den ersten Blick nicht treffend erscheint, kann ich im Schreiben innehalten und überlegen. Vielleicht reichen einige Sekunden aus, vielleicht brauche ich einen ganzen Tag und länger, um die für mich richtige Bezeichnung meines Gefühls zu finden.

Beispiel:
Wenn meine Schwiegermutter in einer Tour redet, was sie alles im Leben geleistet hat, bekomme ich einen Hals.

Nun möchte ich die Benennung meiner Gefühlslage mit „einen Hals bekommen" noch klarer beschreiben und überlege. Schließlich bin ich mit der Darstellung zufrieden: *Wenn meine Schwiegermutter in einer Tour redet, was sie alles im Leben geleistet hat, werde ich nicht nur wütend, sondern richtig aggressiv. Sie stellt sich in einem besonders guten Licht dar, und mich stellt sie in den Schatten. Ich weiß aber, dass meine Leistungen mindestens genauso viel Anerkennung verdienen.*

Dritte Möglichkeit: <u>Positiv oder negativ – gut oder schlecht.</u> Wenn die Namensgebung meines Empfindens mir zu viel Mühe bereitet und dadurch die Lust am Aufschreiben behindert werden könnte, kann das Gefühl auch einfach in diese zwei Kategorien – positiv oder negativ oder gut oder schlecht - eingeteilt werden.

Beispiel:
Mich endlich zu der Entscheidung, diese Beziehung zu beenden, durchgerungen zu haben, war ein gutes Gefühl.
Bewährt hat sich auch die Einteilung in positiv oder sehr positiv oder gut oder sehr gut oder negativ oder sehr negativ oder schlecht und sehr schlecht.

Beispiel:

Ich hatte sicher damit gerechnet die Stelle zu bekommen. Dann hielt ich die Absage in meinen Händen und fühlte mich sehr schlecht.

Letztlich spielt es keine entscheidende Rolle, welcher Weg zur Überwindung der "Ich-weiß-nicht-was-ich-fühle"- Barriere gewählt wird. Hauptsache die Empfindungen, die Gefühle werden erforscht und ehrlich aufgeschrieben. Ehrlichkeit bedeutet in sich hineinzuhorchen und sich zu fragen: „Ist es wirklich das, was ich fühle?" und den Mut zu haben, sich auch zu unerwünschten Empfindungen, bei denen man sich selbst schlecht vorkommt und gesellschaftlichen Anstand außer Acht lässt, zu bekennen.

„Ich-darf-nicht-schlechte-Gefühle-haben" - Barriere

Die meisten Menschen lernen schon in der Kindheit, dass es Gefühle gibt, die sozial nicht erwünscht sind. Wenn jemand zum Beispiel neidisch, missgünstig, aggressiv oder schadenfroh ist, wird er von seinen Mitmenschen nicht geliebt, sondern eher gemieden. Um nicht in einem schlechten Licht zu erscheinen, werden diese „schlechten" Gefühle daher gern verdeckt und nicht offen gezeigt.

Viele besonders sensible Menschen schämen sich auch, wenn sie Neid oder Schadenfreude empfinden und möchten diese Gefühle am liebsten verbannen. Aber ganz davor schützen kann sich auch der liebste und beste Mensch nicht.

Bei der Emotions-Deskription sollen diese schlechten Gefühle gleichberechtigten Raum bekommen. Sie zu erkennen, sich zu ihnen zu bekennen und sie niederzuschreiben, ist sogar erwünscht.

Beispiel:
Ich habe meinem geschiedenen Mann geholfen seine Karriere aufzubauen. Wir mussten andauernd rechnen und mit wenig Geld auskommen. Auf meine berufliche Karriere hatte ich zugunsten der Familie verzichtet. Dann hatte ich ausgedient. Seine zweite Frau hat sich wie ein Kuckuck ins gemachte Nest gesetzt und profitiert von seinem guten Einkommen. Wie ich ihr das missgönne! Ich muss nach wie vor von ein paar Euros leben und sie lebt in Saus und Braus. Das ist nicht gerecht. Ich wünschte, sie käme auch einmal in eine richtig schlechte Situation. Ich wünschte, sie würde diese Demütigungen und Einschränkungen, die ich erleben musste, mit Zinsen zurückbekommen.

Bei der Emotions-Deskription ist es wichtig, dass ich mir negative Gefühle gestatte und sie aufschreibe, ohne ein schlechtes Gewissen zu haben und ohne mich als schlechter, sondern nur als ehrlicher Mensch zu fühlen.

„Jemand-könnte-mein-persönliches-Aufschreiben-lesen"-Barriere

Ich entscheide darüber, ob meine Aufzeichnungen nur für mich oder auch für auserwählte Menschen oder gar für die Öffentlichkeit bestimmt sind. Ich weiß, andere Menschen dürfen sie nur lesen, wenn ich es erlaube. Um diese möglicherweise gewünschte Intimität gedanklich zu erfassen, bedarf es dieser inneren Gewissheit, dass ich etwas nur für mich mache, das zu meiner eigenen Weiterentwicklung und zu neuen hilfreichen Erkenntnissen beiträgt. Ich habe die alleinige Verantwortung und Entscheidungsmacht, wie ich mit meinen Aufzeichnungen umgehe. Um sich diese Tragweite bewusst zu machen, können einige Rahmenbedingungen hilfreich sein:

1. Rahmenbedingung: Die liebevolle Auswahl der Utensilien.
Dazu gehören Papier und Schreiber oder Computer. Manchmal kann auch beides hilfreich sein.

2. Rahmenbedingung: Die Auswahl eines sicheren Ortes.
In jeder Wohnung gibt es Möglichkeiten etwas zu deponieren, ohne dass andere es finden. Eine abschließbare Schublade, ein Fach ganz hinten im Schrank oder ein Safe, wenn man ganz sicher sein möchte.

Wenn das soziale Umfeld sehr vertrauensvoll ist, kann ich auch meinen Partner oder meine Partnerin bitten meine Aufzeichnungen nicht zu lesen. Besser ist es, dafür zu sorgen, dass meine Emotions-Deskription nicht irgendwo, für andere einsichtig, liegen bleibt.

3. Rahmenbedingung: Emotions-Deskription nicht als Zwang zu erleben.

„Jetzt muss ich etwas schreiben, weil ich es mir vorgenommen habe", kann sich als kontraproduktiv erweisen. Emotions-Deskription sollte als Chance betrachtet werden. „Wenn ich mich jetzt hinsetze und schreibe habe ich die Chance, mich als Person noch etwas deutlicher zu erkennen und zu verstehen und ein Stückchen in meiner Entwicklung weiterzukommen. Denn ich bin mir sicher, die Zeit, die ich in mich investiere, um meine Gefühle, meine Wünsche und Gedanken besser zu erfassen, lohnt sich ."

4. Die Vorteile der Emotions-Deskription oder: Es lohnt sich die Gefühle, Wünsche und Gedanken aufzuschreiben

Es gibt viele Möglichkeiten eigene Gefühle, Wünsche und Gedanken zu Papier zu bringen. Aber bevor wir uns diesen unterschiedlichen schriftlichen Darstellungsformen zuwenden, möchte ich die Vorteile der Emotions-Deskription nennen, damit jeder, der diese Zeilen liest, richtig Lust darauf bekommt, sich mit seinen Gefühlen zu beschäftigen. Es kann ein großer Gewinn sein Zeit zum Schreiben zu investieren. Das persönliche Aufschreiben der Gefühle, Wünsche und Gedanken hat viele Vorteile. Einige möchte ich nennen:

Klarheit

Indem ich über meine eigenen Gefühle, Wünsche und Gedanken schreibe, widme ich ihnen nicht nur mehr Zeit und Aufmerksamkeit, sondern werde auch zu einer bestimmten Struktur veranlasst. Menschliche Gedanken und Kommunikation kreisen häufig um das gleiche Thema, insbesondere dann, wenn es für die Betroffen elementar ist. Aber die meisten Menschen würden sich dagegen wehren, diese Wiederholungen gehäuft aufzuschreiben. Etwas zu denken geht sehr schnell. Diese Gedanken in Worten zu formulieren und auszusprechen, erfordert mehr Zeit. Diese Worte dann auch noch in verständlicher Form zu Papier zu bringen, dauert am längsten. Das Schreiben veranlasst mich zum Innehalten, zur Langsamkeit und zum nochmaligen Überdenken und Ordnen. Dadurch entsteht mehr Klarheit.

Nachlesen und Erkenntnisgewinn

Wenn ich etwas aufgeschrieben habe, kann ich es zu einem späteren Zeitpunkt nachlesen. Die Gefühle, Wünsche und Gedanken, die in einer vergangenen Situation mein Handeln bestimmt haben, geraten nicht in Vergessenheit. Betrachte ich meine Emotions-Deskription über einen längeren Zeitraum, werden Wiederholungen und Muster deutlich, die mir bisher nicht aufgefallen sind.

Beispiel:
Aha, wenn mich jemand lobt, reagiere ich misstrauisch und frage mich, was derjenige damit bezweckt. Oder: Aha, wenn ich höre, dass es anderen, die ähnliche Startbedingungen hatten wie ich, im Leben besser geht, dann spornt mich das nicht an, sondern lähmt mich und ich resigniere.

Manchmal erscheint uns unser Verhalten nach einiger Zeit, wenn wir erneut unsere Aufzeichnungen lesen, nicht mehr nachvollziehbar und wir können über uns nur noch den Kopf schütteln.

Beispiel:

Sie unterhalten sich in entspannter Stimmung mit einer Bekannten. „Weißt du noch, als wir uns vor einem halben Jahr über eine Bemerkung von mir gestritten haben und du hast drei Wochen nichts mehr von dir hören lassen?", fragt sie.

Ja, an das Ereignis können Sie sich noch gut erinnern. Die Bemerkung Ihrer Bekannten: „Jammern kannst du gut" hatte zu dem Streit geführt. Unklar ist Ihnen inzwischen, warum Sie sich damals so verletzt und ungerecht beurteilt gefühlt haben, und warum Sie die Bemerkung Ihrer Bekannten damals auf die Goldwaage gelegt haben.

Ebenso unklar ist Ihnen inzwischen, warum Sie nach dieser Verletzung, die Ihnen die Bekannte mit Ihrer Bemerkung: „Jammern kannst du gut" zugefügt hatte, nun wieder mit jener Bekannten zusammensitzen. Was war nach den drei Wochen geschehen?

Die Emotions-Deskription kann darüber Auskunft geben. Wenn Sie sich in Ruhe durchlesen, was Ihnen damals an Gefühlen, Wünschen und Gedanken durch den Kopf gegangen ist, können Sie Ihr damaliges Verhalten besser verstehen.

Beispiel:
*Eine andere oft gestellt Frage, die nur wenigen glück-
lichen Menschen im reiferen Alter erspart bleibt, ist
die folgende: „Wie konnte ich nur diesen Mann oder
diese Frau gut gefunden haben?" oder als Steigerung:
„Wie konnte ich nur diese Frau oder diesen Mann hei-
raten?"*

Wohl dem, der zu Beginn der Beziehung über seine
Gefühle, Wünsche und Gedanken geschrieben hat.
Das Nachlesen erleichtert das Verständnis für unsere
Entscheidung, die sich zu einem späteren Zeitpunkt
als Irrtum oder gut verzichtbar herausstellt.

Vielleicht wird beim Nachlesen deutlich, dass wir
schon zu Beginn der Beziehung aufgrund unserer Gefühle die Weichen falsch gestellt haben. Vielleicht
waren wir zu nachgiebig. Vielleicht waren wir zu gut-
gläubig. Vielleicht waren wir auch zu verliebt und unbelehrbar und haben uns über alle Hinweise und
Warnungen unserer Freunde und Verwandten hin-
weggesetzt. Vielleicht waren wir auch des Alleinseins
müde und derjenige oder diejenige war gerade da
und in einer ähnlichen Gemütsverfassung.

Wie es auch immer gewesen sein mag, die Emotions-
Deskription erleichtert den Weg zu Erkenntnissen, die
uns klüger machen.

Selbstbestimmung

Da unser Leben zum größten Teil durch Regeln und Zwänge fremdbestimmt wird, ist die Emotions-Deskription eine der wenigen Möglichkeiten zum selbstverantwortlichen und selbstbestimmten Handeln. Am Anfang kann ich mich erst einmal dafür oder dagegen entscheiden. Ob ich in der Emotions-Deskription eine gute Möglichkeit zur zufriedeneren Lebensgestaltung und persönlichen Weiterentwicklung sehe oder nicht, bleibt allein mir überlassen. Keinem bin ich Rechenschaft schuldig. Ich entscheide, was und wie viel ich aufschreibe. Dabei bin ich auf keinen anderen angewiesen. Da es keinen Lehrer gibt, der mich korrigiert, ist es allein meine Entscheidung wie und wieviel Zeit ich mir für das Dokumentieren meiner Wünsche, Gedanken und Gefühle nehme.

In meinen Beratungsgesprächen erlebe ich, dass manche Ratsuchende meinen sich rechtfertigen zu müssen oder sich sogar entschuldigen, wenn sie nicht zum Schreiben gekommen sind.

Schreiben wird oft mit Schule in Verbindung gebracht. Hatte man die Hausaufgaben nicht gemacht, musste man mit Tadel rechnen. Bei der Emotions-Deskription ist das anders. Hier ist es meine freie Entscheidung, ob ich mich an mein Vorhaben halte.

Schaffe ich es nicht, braucht mich weder ein anderer noch ich mich selbst zu tadeln. Besser ist es zu hinterfragen, warum ich mich nicht hingesetzt und geschrieben habe, was mich davon abgehalten hat und was mir wichtiger war.

Meine Ratsuchenden verstehen schnell, dass ich es begrüße, wenn sie mir ihre Aufzeichnungen vorlesen. Aber letztlich, das kann ich nur wieder betonen, ist es allein die Entscheidung des Ratsuchenden, was er schreiben und sagen möchte.

Manchmal dauert es ein bisschen länger, bis es ihnen bewusst wird, dass Emotions-Deskription nicht nur das Aufschreiben von Wünschen, Gedanken und Gefühlen ist, sondern auch eine gute Übungsmöglichkeit und Chance für selbstbestimmtes Handeln. Nicht selten reift dann die Erkenntnis heran, wieviel Zeit jemand bereit ist, sich für die eigene Person zu nehmen und wie wichtig er sich selber nimmt.

Selbstcoaching

Das Wort „Coaching" heißt annähernd übersetzt: Beraten und Fördern im Sinne einer individuell angepassten Weiterentwicklung. Führungspersönlichkeiten oder Stars haben oft ihren eigenen Coach. Ein guter Coach sollte über den entsprechenden Background und gute Menschenkenntnis verfügen. Er widmet seine ganze Aufmerksamkeit der anderen Person und berät sie zu ihrem Besten. Beide Beteiligten stehen in direkter konstruktiver Interaktion. Sie reden miteinander, tauschen sich aus, besprechen sich.

Ein guter Coach ist sehr effektiv, aber nicht billig. Deshalb gibt es nur wenige Menschen, die sich einen persönlichen Coach leisten können. Trotzdem braucht niemand auf diesen guten Ratgeber zu verzichten, denn wir können unser eigener Coach sein.

Ich bin sicher, dass viele Menschen tief im Inneren wissen, was gut für sie ist. Leider wird diese innere Stimme, die nicht laut und aufdringlich ist, oft überhört. Vielleicht haben wir es nicht gelernt oder verlernt darauf zu hören. Wir können sie wieder wahrnehmen, wenn wir uns liebevoll und geduldig unserer eigenen Person widmen, uns zuhören, uns verstehen und Zeit für uns nehmen.

Die Emotions-Deskription ist eine gute Möglichkeit, unser eigener Coach zu sein oder zu werden. Indem wir notieren und damit nachlesbar und überprüfbar machen, welche Empfehlungen wir uns selbst geben, wachsen wir immer mehr in die Rolle eines guten Ratgebers hinein.

Beispiel:

Als ihr Onkel gestorben war, fühlte sich eine Freundin von mir verpflichtet, sein Erbe in Ehren zu halten. Er hatte keine eigenen Kinder und seine Nichte zu Lebzeiten sehr unterstützt. Ihr Onkel war Jäger und Jagdpächter gewesen und hinterließ auch einen Hund, einen Pudelpointer, den sie ebenfalls erbte. Sie wusste, dass ihr Onkel auf diesen Hund besonders stolz war. Er hatte ihn erzogen und zum Jagdhund abgerichtet.

Meine Freundin wurde aber nicht nur Besitzerin eines lieben, guterzogenen Pudelpointers, sondern bekam auch ein Tier, das seine speziellen Lebensgewohnheiten und Qualitäten hatte. Der Pudelpointer war gewohnt jeden Tag mit seinem Herrchen in den Wald zu gehen. Wenn Jagdsaison war, durfte er seine Fähigkeiten als Jagdhund zeigen. J

Obwohl meine Freundin keine jagdlichen Ambitionen hatte und ihr durch ihre berufliche Situation wenig Zeit blieb, versuchte sie ein gutes Frauchen zu sein. Dem Hund zuliebe machte sie jeden Tag einen längeren Waldspaziergang. Nachts schlief sie trotzdem schlecht. Sie hatte nicht übersehen, dass der Hund oft traurig im Zwinger saß und dicker wurde. Ihre innere Stimme sagte ihr, dass sie ihren Onkel nicht ersetzen konnte. Aber war es möglich diesen Hund einfach abzugeben? Sie quälte sich mit diesem Gedanken. Es mussten einige Wochen vergehen, bis ihre innere

Stimme sagte, dass es die beste Lösung wäre, sich von diesem Hund zu trennen. Schweren Herzens schenkte sie den Hund einem älteren Jäger. Schon nach einigen Tagen wurde deutlich, dass sie eine gute Entscheidung getroffen hatte. Hund und Herrchen harmonierten bestens, und sie fühlte sich wie von einer großen Last befreit.

Trotzdem blieb ein schlechtes Gewissen, wenn sie an ihren Onkel dachte. Deshalb setzte sie sich hin und schrieb an ihren Onkel einen langen Brief. Sie schilderte ihm die Beweggründe für ihre Entscheidung und versprach seinen geliebten Hund nicht aus den Augen zu verlieren, ihn von Zeit zu Zeit zu besuchen und sich nach seinem Wohlergehen zu erkundigen Sie sagte abschließend: „ Erst der Brief machte mir klar, wie gut es war auf meine innere Stimme zu hören. Ich bin sicher, wenn mein Onkel noch leben würde, könnte er mich verstehen. "

Sich verzeihen und anderen verzeihen können

Es gibt in jedem Menschenleben Situationen und Ereignisse, die nicht zu den angenehmen Erinnerungen gehören. Manchmal können sogar tiefes Bedauern und quälende Reue die Folge sein.

Beispiel:

Ich hatte mir vorgenommen meine Kinder nie zu schlagen. Meine Mutter hatte mich verhauen. Sie hatte mich nicht oft verhauen. Aber es reichte, um mich daran mit Bitterkeit zu erinnern. Deutlich erlebte ich in diesen Bestrafungssituationen meine Hilflosigkeit und meine ohnmächtige Wut auf diese Frau, die mir Schmerzen zufügte. Diese Gefühle wollte ich mir und meinen Kindern ersparen.

Ich blieb meinem Vorsatz nicht treu. Als mein halbwüchsiger Sohn einer meiner Bitten nicht nachkam und mich stattdessen mit seinen provokativen Bemerkungen reizte, verlor ich die Beherrschung und holte aus. Hinterher habe ich mehr geweint als er und schämte mich.

Er hat mir schneller verziehen als ich mir verzeihen konnte. Ich hatte mich enttäuscht, hatte etwas getan, was ich an meiner Mutter gehasst und nicht vergessen hatte.

Erst nachdem ich darüber nachgedacht und es aufgeschrieben hatte, fand ich Gründe und Parallelen für mein Verhalten und das meiner Mutter. Auch sie hatte mich dann geschlagen, wenn sie durch die Geschehnisse des Alltags angespannt und belastet war. Die täglichen Anforderungen zerrten an ihren Nerven. Das waren hauptsächlich ihre anstrengende Berufstä-

tigkeit als Fabrikarbeiterin und die Angst vor meinem Stiefvater.

Als es zwischen mir und meinem Sohn eskalierte, gab es in meinem Leben ebenfalls Anspannung und Belastungen. Meine Gründe waren ähnlich. Eine unklare Berufsperspektive und eine nicht erfreuliche Ehesituation.

Jemandem zu verzeihen kann sehr schwer sein und manchmal ist es unmöglich. Aus meiner Sicht bedeutet Verzeihen nicht etwas zu vergessen und zu verdrängen, sondern mutig zu sein. Dieser Mut besteht darin, sich mit dem, was verletzend war, auseinanderzusetzen, darüber nachzudenken, die Worte zu formulieren und diese aufzuschreiben.

Danach können diese Zeilen zu jedem beliebigen Zeitpunkt gelesen werden. Es steht im eigenen Ermessen, die Aufzeichnungen am nächsten Tag oder später noch einmal in die Hand zu nehmen. Vielleicht reicht das einmalige Lesen nicht aus und es braucht einige Wiederholungen. Vielleicht ist es sinnvoll, erst einmal alles ruhen zu lassen und nach einem halben Jahr oder noch später das Geschriebene erneut zu lesen und zu entscheiden, was geschehen soll. Vielleicht besteht das Bedürfnis etwas hinzuzufügen oder zu streichen, denn alles ist richtig, wenn es zu etwas mehr Seelenfrieden und Klarheit führt.

Ich möchte es noch einmal betonen. Meine Entscheidung, die in diesem Moment getroffen wird, ist für mich richtig, egal wie sie aussieht. Denn ich habe sie mir nicht leicht gemacht. Ich habe nachgedacht und die Worte formuliert. Die Sätze habe ich mir wiederholt durch den Kopf gehen lassen und zu Papier gebracht.

Die Aussage „in diesem Moment" möchte ich betonen. Vieles ist eine Frage der Zeit. Diese Option, dass zu einem späteren Zeitpunkt eine andere Entscheidung, ein Meinungswechsel möglich ist, sollte ruhig in Anspruch genommen werden. Das ist vorteilhaft. Denn dadurch werde ich nicht wortbrüchig, wenn ich meine Entscheidung zu einem späteren Zeitpunkt aufgrund neuerer Erkenntnisse und Erlebnisse verändere.

Ja, es ist günstiger verzeihen zu können. Günstiger für den eigenen Seelenfrieden und für die eigene Lebensgestaltung. Habe ich jemandem vergeben, brauche ich mich nicht mehr damit zu beschäftigen. Das entlastet nicht nur meine Gedanken, sondern wirkt sich vorteilhaft auf meine Emotionen aus und auf das Zusammensein mit meinen Mitmenschen.

Nur, was nützen diese weisen Erkenntnisse, wenn ich nicht verzeihen kann und es auch nicht will? Muss ich mir selbst noch mehr Zeit geben? „Die Zeit heilt alle

Wunden", sagt ein alter Spruch. „Alle?" frage ich misstrauisch. Viele vielleicht - aber alle Wunden bestimmt nicht.

Beispiel:

Ich habe meiner Mutter verziehen. Als ich erwachsen war, habe ich sie gefragt: „Warum hast du mich geschlagen?" Diese Frage war auch aus einer anderen Perspektive berechtigt, denn meine Mutter war eine liebevolle, ja leidenschaftliche Oma. Ihre Enkelkinder liebten sie über alles. Nie hätte sie die Geduld verloren und ihre Hand erhoben. Oma verwöhnte ihre Enkelkinder und kaufte von ihrer kleinen Rente Süßigkeiten und Spielzeug. Lieber leistete sie Verzicht, um die glänzenden dankbaren Kinderaugen zu sehen. Aber es waren nicht diese materiellen Zuwendungen, die ihr die Liebe ihrer Enkelkinder sicherte, sondern ihre scheinbar unbegrenzte Zeit und liebevolle Aufmerksamkeit, die sie ihnen widmete.

Wäre sie doch auch zu mir von Anfang an so gewesen. Hätte sie sich für mich ähnlich vehement eingesetzt, und hätte sie meine Bedürfnisse genauso gegen meinen Stiefvater verteidigt, wie sie die Bedürfnisse ihrer Enkelkinder gegen deren Eltern verteidigte, mein Lebensweg wäre angenehmer verlaufen. Trotzdem war es mir möglich ihr zu verzeihen, keine Vorwürfe mehr zu machen und sie zu verstehen. Je mehr ich sie verstand, desto mehr veränderten sich meine Gefühle.

Meine mehr oder weniger versteckte Vorwurfshal-
tung, die oft unsere Kommunikation belastete, verän-
derte sich in ein Verstehenwollen und in liebendes
Mitleid. Später, als sie älter und hilfloser wurde, emp-
fand ich den Wunsch und die Verpflichtung mich für
sie und ihre Bedürfnisse einzusetzen.

„Verzeihen" heißt demnach auch mit einem unange-
nehmen, kränkenden Erlebnis abzuschließen und
damit den Kopf wieder freier zu bekommen. Aber
dieser Weg ist nicht immer möglich. Ich habe volles
Verständnis, wenn Vergebung nicht gelingt.

Eine Fernsehsendung über Petra Schürmann, die ich
im Januar 2007 sah, machte mir die Grenzen des Verzeihens noch einmal deutlich. Kurz vor der Hochzeit
ihrer einzigen Tochter kam diese durch einen Unfall
mit einem sogenannten „Geisterfahrer" ums Leben.
Diesem Mann kann Petra Schürmann nicht vergeben.
Könnte ich es? Diese Frage drängte sich mir auf. Nein,
ich könnte es auch nicht.

Mit großer Wahrscheinlichkeit würde ich das tun,
wozu sich auch Petra Schürmann entschieden hatte,
ich würde mich ebenfalls an den Computer setzen
und Worte suchen, die meinem Leiden Ausdruck geben und Seiten füllen.

„Vielleicht macht Petra Schürmann das nur, weil sie durch den Tod ihrer Tochter ihr Sprachvermögen verloren hat", könnte jemand dagegen halten. Ich glaube, dass dieser Grund nicht ausschlaggebend ist. Über jemandem zu schreiben, sich ihm liebevoll zu widmen, heißt auch die Verbundenheit zu diesem Menschen zu dokumentieren und ihr Beständigkeit zu geben über den Tod hinaus.

Viele Menschen, die mit Verlust oder anderen traumatischen Erlebnissen konfrontiert wurden, haben darüber geschrieben und ihren Gefühlen Raum gegeben. Dazu muss niemand prominent sein und es müssen nicht Bücher daraus werden, die für die Öffentlichkeit bestimmt sind.

Das Thema „Vergebung" hat verschiedene Facetten. Eine davon ist die Frage, was macht es für einen Sinn, jemandem zu verzeihen, der sich keinerlei Schuld oder Vergehen bewusst ist und deshalb darauf pfeift, ob ihm ein anderer vergibt oder nicht?

Beispiel:
Als ich ihr zum ersten Mal die Frage nach dem Schlagen stellte, war meine Mutter Mitte Vierzig. Sie weinte und zuckte mit den Achseln. „Ich wollte es eigentlich nicht." Sie sah mich hilfesuchend an: „Heute tut es mir leid", sagte sie und wischte sich mit dem stets griffbereitem Taschentuch die Tränen ab. Ich war ge-

rührt und tröstete sie. Ich spürte ihre Reue und empfand eine große Nähe zu ihr.

Dreißig Jahre später, als wir in einem Gespräch erneut auf dieses Thema zu sprechen kamen, konnte sich meine Mutter nicht mehr daran erinnern, dass sie mich geschlagen hatte. „Bist du sicher?", fragte sie mich. „Habe ich dich wirklich verhauen?" Sie schüttelte den Kopf und sah mich ratlos an. „Das meinst du nur", antwortete sie dann.

Ich war sprachlos. Damit hatte ich nicht gerechnet. Diese Antwort gefiel mir nicht. Wider alle Vernunft begann ich mit ihr zu diskutieren und versuchte ihrem Erinnerungsvermögen nachzuhelfen. „Wenn du meinst", sagte sie schließlich ohne Überzeugung. Ich spürte Ärger, fühlte mich irgendwie verraten und empfand eine große Distanz zu meiner Mutter.

Damals konnte und wollte ich mir noch nicht vorstellen, dass ihr Verhalten und ihre Vergesslichkeit die ersten Anzeichen ihrer beginnenden Demenz waren. Ich hätte mich gern mit ihr noch einmal über diesen gemeinsamen Lebensabschnitt unterhalten und Näheres über ihr damaliges Erleben erfahren. Das war nun kaum noch möglich. Ihre eigenen bitteren Kindheitserlebnisse begannen sich zu dieser Zeit schon in den Vordergrund zu drängen und wurden im Laufe der weiteren Jahre bis zu ihrem Tod ihr bevorzugter Gesprächsgegenstand.

Das Vergeben unabhängig von der Person zu sehen, die uns Leid zugefügt hat, ist sicher der beste Weg zum Seelenfrieden, aber nicht der einfachste. Vor allem dann nicht, wenn deutlich wird, wie unterschiedlich die Sichtweisen sein können.

Beispiel:

Frau Müller ist eine ältere Dame. Sie wird von der Lebensgefährtin ihres Sohnes, Monika, mit Lebensmitteln versorgt. Auch andere Hilfen zur alltäglichen Lebensbewältigung werden von Monika geleistet, während der Sohn, Klaus, wenig Unterstützungsbereitschaft zeigt.

Frau Müller fühlt sich nicht mehr in der Lage ihre Wohnung zu verlassen. Mit ihren 86 Jahren ist sie die meiste Zeit allein. Freundinnen von früher sind gestorben oder auch immobil. Zur Nachbarschaft besteht kein Kontakt. Ihr Mann war der Mittelpunkt ihres Lebens. Mit ihm hat sie viel unternommen. Er war der Motor für die Reisen und andere Aktivitäten. Er hatte einen Führerschein, sie nicht. Als er krank wurde, pflegte sie ihn. Nach seinem Tod blieben ihr nur noch ihr Sohn und dessen Lebensgefährtin Monika.

Monika hadert mit ihrem Schicksal. Als die Beziehung mit Klaus begann, waren sie beide schon etwas älter und mussten mit negativen Erfahrungen aus früheren Verbindungen fertig werden. Aber nicht genug damit. Klaus`Eltern machten Monika, wie sie es nannte, "das Leben zur Hölle". Sie zeigten ihr in drastischer Form, wie unerwünscht sie war.

Diese Ablehnung änderte sich erst, als ihr Schwiegervater gestorben und Frau Müller auf Monikas Unterstützung angewiesen war. Monika wartet vergeblich auf ein Wort der Entschuldigung. Nun wird sie zwar von ihrer Schwiegermutter gelobt, aber diese Wertschätzung ändert nichts an Monikas Wut und negativen Gefühlen. Dieser innere Groll zeigt sich oft in der Kommunikation. Dann ist Monika ungeduldig, spricht streng mit Frau Müller und dosiert ihre Hilfeleistungen auf das Level der Pflichterfüllung.

Da es keine Enkelkinder, keine Freundinnen und keine Verwandten gibt, lechzt Frau Müller nach vertrautem Kontakt, besonders zu Monika. Aber diese kann nicht vergessen und nicht verzeihen.

Um ihr diesen Weg des Verzeihens vielleicht etwas zu erleichtern, habe ich ihr mit dem Einverständnis von Frau Müller einen fiktiven Brief zum Lesen gegeben. Dieser Brief entstand als Frau Müller sehr traurig darüber war, dass sie keine Enkelkinder hat.

"Hätten Sie lieber eine Enkelin oder einen Enkel gehabt?", fragte ich sie.

"Eine Enkelin", antwortete sie.

"Und welcher Name hätte Ihnen gefallen?"

"Christine", war die Antwort, "das ist ein wunderschöner Name."

"Was würden Sie denn Ihrer Enkelin schreiben?"

Frau Müller überlegte und mit einigen Formulierungshilfen gab es schließlich den Brief an Christine:

Liebe Christine,

ich weiß, dass vieles, was ich mache und wie ich denke, für Dich unverständlich sein wird, daher möchte ich versuchen, Dir mein Leben etwas näher zu bringen, damit es Dir leichter fällt mich zu verstehen. Es ist ein großer Wunsch von mir, dass Du mich verstehst und mich liebhaben kannst, obwohl ich viel älter bin als Du.

Als ich geboren wurde, sah die Welt ganz anders aus. Ich habe den Krieg miterlebt, und ich bin von Herzen dankbar, dass Dir diese Erfahrung erspart geblieben ist. Jeden Abend waren wir im Bunker und haben gehört wie die Bomben fielen und hatten Angst. Diese Angst hat mich geprägt und hat meine Kindheit und Jugend überschattet und viele meiner Entscheidungen bestimmt. Aber das ist mir in dieser Deutlichkeit erst später klar geworden.

Wir haben damals alles verloren. Mein Leben war nicht angenehm. Wenn ich von der Schule nach Hause kam, habe ich gehungert, was Du Dir sicher nicht vorstellen kannst. Wir haben zu sechst in einem kleinen Schlafzimmer geschlafen, während Du von Anfang an Dein Zimmer zur Verfügung hattest.

Damals habe ich mit meinen Eltern in Köln gelebt. Ich kann mich noch gut erinnern, als ich mit meiner Mutter unterwegs war, sahen wir Juden mit einem Stern.

"Komm wir gehen schnell nach Hause", hat meine Mutter gesagt und ich habe ihre Ängstlichkeit gespürt.
Sie hat mich fest an die Hand genommen. Auch als ich schon größer war und es nicht mehr so gern hatte, nahm sie mich an die Hand. Sie hat es sicher gut gemeint und wollte mich behüten. Aber durch ihre Fürsorglichkeit hat sie dazu beigetragen, dass mein Selbstbewusstsein, mein Selbstwertgefühl und meine Selbstsicherheit nicht richtig wachsen konnten und nicht genügend Raum bekamen. Denn anders kann ich heute nicht erklären, warum sich vieles in meinem Leben so ergeben hat, wie ich es eigentlich nicht wollte.

Mit 28 Jahren habe ich geheiratet. Das war zu dieser Zeit eher spät. Trotzdem fühlte ich mich nicht zu diesem Schritt bereit. Vielleicht war ich auch von dem Mann, der dann mein Ehemann wurde, nicht überzeugt. Wäre er meine große Liebe gewesen, hätte ich sicher anders empfunden.

Es gab zu dieser Zeit einen triftigen Grund, warum ich heiratete, obwohl ich es eigentlich nicht wollte. Mein Sohn Klaus war unterwegs. Damals hatte ich Angst, schräg angesehen zu werden. Heute ist das anders. Heute kann auch eine unverheiratete Frau ein Kind großziehen und keiner würde schlecht über sie denken.

Ich arrangierte mich mit meinem Schicksal, aber ich war nicht glücklich. Meine Schwiegereltern machten mir das Leben zusätzlich schwer. Mein Schwiegervater war dominant und stur und meine Schwiegermutter war mit nichts zufrieden und daher auch nicht mit mir. Ich war verunsichert und fühlte mich ungerecht behandelt, aber ich war abhängig, war auf meine Schwiegermutter angewiesen, denn mit einem Baby konnte ich nicht arbeiten gehen. Ich war den ganzen

Tag weg, und so übernahm sie die Erziehung meines Sohnes während meiner Abwesenheit.

Für Klaus war das kein guter Start ins Leben. Ich liebe meinen Sohn sehr und bedaure es von ganzem Herzen, dass ich keine innige Mutter-Sohn Beziehung zu ihm aufbauen konnte. Inzwischen ist mir bewusst geworden, was mir damals genommen worden ist oder was ich mir habe nehmen lassen, denn das Band zwischen Mutter und Kind wird von Anfang an geknüpft. Aber das hat mir keiner mit dieser Deutlichkeit gesagt, und ich war nicht so mutig meinen eigenen Weg zu gehen. Von was hätten wir denn unsere eigene Existenz aufbauen sollen? Mein Geld wurde gebraucht.

Klaus ist ein guter Mensch geworden, und ich bin stolz auf meinen Sohn, aber es belastet mich, dass ich nicht viel mit ihm reden kann. Ich habe Angst ihn zu stören und möchte nicht, dass er sich aufregt, denn er kann wütend werden und mit mir schimpfen.

Ich würde mich sehr freuen, wenn Klaus mich öfter besuchen kommen würde. Es muss nicht lang sein, nur dass er sich erkundigt, wie es mir geht. Ich würde gern mit ihm und Monika sonntags irgendwo hinfahren, vielleicht zum Kaffeetrinken, denn ich komme sonst nicht aus meinen vier Wänden. Das Geld für Benzin und Kuchen würde ich gern geben, aber die beiden haben keine Zeit.

Ich möchte mich nicht beschweren, denn ich weiß, dass Klaus es im Leben nicht leicht hatte. Er war kein Wunschkind und ich wollte damals nicht Mutter werden. Die damaligen Lebensumstände haben viel dazu beigetragen, dass ich keine innige Beziehung zu ihm aufbauen konnte. Auch mein Mann war nicht der herzliche Vater.

Ich bitte Dich, liebe Christine, mach es besser als ich. Such Dir einen Mann, der gut zu Dir passt, und mach es auch mit Deinen Kindern besser. Für mich war und ist es noch immer schwer, einen Zugang zu meinem Sohn zu finden. Wir reden wenig miteinander und hätten uns doch so viel zu sagen. Ich könnte ihn um Verzeihung bitten für das, was ich ihm nicht an Liebe und Aufmerksamkeit gegeben habe, aber ich kann die Zeit und das was geschehen ist, nicht rückgängig machen.

Ich bin mir auch nicht sicher, ob er mich versteht und ob er überhaupt noch wert auf meine Aussagen legt. Ich habe das Gefühl, dass ihn das, was in der Vergangenheit war, nicht mehr interessiert und er zufrieden ist, wenn er möglichst wenig mit mir reden und sich um mich kümmern muss. Also sprech ich von mir aus nichts mehr an.

Ich bin dankbar, dass ich eine hilfsbereite Schwiegertochter habe. Wenn ich etwas brauche, rede ich lieber mit Monika als mit meinem Sohn, denn ich möchte ihm nicht zur Last fallen, und ich habe Angst vor seiner Zurückweisung und seiner Schimpfe.

Du siehst, meine Angst hat mich nicht verlassen und bestimmt bis heute meine Entscheidungen. Inzwischen bin ich zu alt um noch etwas zu verändern. Ich hätte nie gedacht, dass ich einmal allein von morgens bis abends hier in meiner Wohnung sein werde und auf Klaus und Monika angewiesen bin, aber ins Altersheim möchte ich nicht.

Ich denke oft an Dich, liebe Christine, und wünsche mir, dass Du mich besuchen und mit mir reden würdest. Besonders wenn ich aus dem Fenster sehe und die Kinder beobachte, die von der Schule kommen oder auf der Straße spielen.

Deine Oma

Ich hatte den Eindruck, dass Monika nach der Kenntnisnahme des Briefes etwas geduldiger mit Frau Müller umgegangen ist. Vielleicht hat sie auch Klaus davon berichtet. Frau Müller hat zumindest etwas mehr Zufriedenheit mit dem Kontakt zu ihrem Sohn und zu ihrer Schwiegertochter gezeigt, was aber aufgrund der extrem schwierigen Gesamtsituation nicht von Dauer blieb.

Die Frage, ob das Lesen des Briefes Monika zum Verzeihen veranlasst hat, bleibt allerdings unbeantwortet. Ich hatte nie die Gelegenheit diese Frage Monika zu stellen.

Zudem sieht Frau Müller das, was sich in der Vergangenheit mit ihrer Schwiegertochter abgespielt hat, mit anderen Augen, nämlich viel positiver. Sie kann sich an die Kränkungen, die Monika nicht vergessen kann, nicht mehr erinnern.

Dieses Beispiel zeigt, wie unterschiedlich Sichtweisen und Empfindungen sein können und wie schwer es ist zu vergeben, wenn der andere dieses nicht zu schätzen weiß. Ich bin sicher, dass dieser schwere Schritt ein wenig erleichtert wird, wenn die damit verbundenen Gefühle, Wünsche und Gedanken aufgeschrieben werden. Vielleicht kann ich dann den nächsten Schritt gehen und mich in die Rolle der anderen Person hineinversetzen und mir vorstellen, was dieser

Mensch fühlt, wünscht und denkt. Was sich auch immer als Resultat zeigt, es sind meine Schlussfolgerungen, die ich schreibe und nachlesen kann, die mir meine Grenzen und meine Möglichkeiten zeigen, wenn ich es möchte.

5. Emotions-Deskription als Selbsttherapie

Eigentlich müsste ich nach dieser Überschrift ein Fragezeichen machen. Die Frage ist, warum ich mich anders entschieden habe. Für mich ist Emotions-Deskription eine Möglichkeit der Selbsttherapie. Für andere Menschen kann dieser Weg nicht begehbar sein, und sie haben mein volles Verständnis.

Emotions-Deskription ist auch kein Patentrezept und nicht für jeden Menschen geeignet. Der Massenmörder Breivik, der 2011 auf der norwegischen Ferieninsel Utoya 77 Menschen umbrachte, hat sogar im Internet über seine Gefühle geschrieben. Hier wird deutlich, dass Emotions-Deskription nicht automatisch Selbsterkenntnis und Selbsttherapie nach sich ziehen. Eine professionelle Hilfe hätte eventuell die Katastrophe verhindern können.

Es gibt Menschen, die sich bei Lebenskrisen lieber einem Experten anvertrauen. Ich bin gern in gewissen Situationen unabhängig und versuche eigene Wege zu finden, die mir helfen mit schwierigen Umständen in meinem Leben umzugehen. Ein Ausspruch meiner Mutter war: "Mit guten Situationen können alle Menschen leben, aber mit Situationen, die das Leben schwer machen, nur wenige. Hier trennt sich die Spreu vom Weizen."

Für mich ist die Emotions-Deskription eine Möglichkeit und eine Motivation auch mit schwierigen Situationen umzugehen und meine Gefühle zu erkennen, sie aufzuschreiben und - wenn ich zu der Entscheidung komme - diese zu verändern, also ein Emotionslernen.

Beispiel:
Eine Spinne zu streicheln ist für viele Menschen nicht möglich. Warum nicht? Denn Streicheln brauche ich nicht zu lernen, das sollte jeder können. Eine Spinne zu erkennen und als solche zu identifizieren, sollte auch im menschlichen Repertoire vorhanden sein. Das emotionale Lernen besteht darin, Angst oder Ekel zu überwinden und die Spinne ohne diese negativen Gefühle zu berühren.

Nun dürfte eine Spinne zu streicheln nicht jedermanns Wunsch sein, daher möchte ich noch ein anderes **Beispiel** hinzufügen.

Ein Paar trennt sich. Er hat eine andere Frau kennengelernt und fühlt sich zu der Neuen hingezogen. Die Ehefrau ist empört und es kommt zu viel Streit, der schließlich in einer Scheidung mündet. Sie bekommt das Sorgerecht für die Tochter Marie. Er heiratet erneut und bekommt noch zwei weitere Töchter. Marie wird, nach Aussage der Mutter, kaum noch beachtet. Die geschiedene Frau muss sich nicht nur allein um die Tochter kümmern, sondern hat auch regelmäßigen Kontakt zu einem Rechtsanwalt, weil ihr Ex-Mann seinen Zahlungsverpflichtungen nicht nachkommt.

Dann verbringt Marie auf Wunsch des Vaters nach etlichen Jahren der Trennung ihre Ferien in seinem Haus 400 km entfernt. Als Marie, die erst nur widerwillig zum Vater gefahren ist, zurückkommt ist sie begeistert. Sie möchte bei der neuen Familie und bei ihrem Vater bleiben. Ihre Mutter ist nicht erfreut und skeptisch. "Ferien sind nicht der Alltag", gibt sie Marie zu bedenken. Aber ihre Tochter bleibt bei ihrem Entschluss. Sie fühlt sich in der Familie mit ihren Halbschwestern wohl. Ihre Mutter ist aufgebracht. Sie hat große Mühe diese Entwicklung zu akzeptieren, aber schließlich kann sie sich damit arrangieren. Sie ist nicht mehr böse auf ihre Tochter, sondern vermittelt ihr, dass Marie jederzeit wieder zurückkommen kann.

Was ich hier mit wenigen Worten beschrieben habe, war ein langer und steiniger Weg mit viel Selbstreflexion und Einsichtsfindung und ein Fertigwerden mit Gefühlen von Undankbarkeit und Enttäuschung und der Erkenntnis, dass Marie weder ihre Mutter enttäuschen noch undankbar sein wollte, sondern lediglich eine Art von Wohlfühlen für sich entdeckt hatte, das sie ausleben wollte. Das alles zu erkennen und zu akzeptieren, auch dass man von einem Mädchen von fünfzehn Jahren keine Endgültigkeit von Entscheidungen verlangen kann, war für Maries Mutter viel Emotionslernen. Sie schaffte es, ihrer Tochter keine Vorwürfe zu machen und sie darin zu bestärken, den eigenen Weg zu finden.

Ich möchte hinzufügen, dass Maries Mutter beides machte. Sie schrieb Seiten im Sinne der Emotions-Deskription und nahm auch professionelle Hilfe in Anspruch.

6. Emotions-Deskription als Experiment mit sechs Schreiberinnen

Ich habe mich dazu entschlossen ein kleines Experiment zu wagen und einige Testpersonen gefunden, die bereit waren, von ihren Erfahrungen mit der Emotions-Deskription zu berichten. Das ist eine sehr anspruchsvolle Aufgabe, denn es geht nicht nur darum, die Gefühle, die bestimmte Situationen und Personen bei ihnen hervorgerufen haben, zu beschreiben, sondern auch welche Erkenntnisprozesse damit verbunden sind. Das nimmt Zeit und Aufmerksamkeit in Anspruch. Dieser Einsatz lässt sich im Alltag oft schwer integrieren und trotzdem war die Bereitschaft da, sich auf dieses Experiment einzulassen.

Meine Testpersonen sind sechs mutige Frauen, Menschen, die sich mitten im Leben befinden und ihren Beruf und ihre Familie haben. Ich habe nicht erwartet, dass sie Intimes oder besonders Spektakuläres beschreiben, sondern dass sie sich auf den Prozess der Emotions-Deskription einlassen und darüber berichten, welche Erfahrungen für sie damit verbunden sind.

Diese sechs Frauen sind deshalb mutig, weil wir ihre wahren Berichte lesen dürfen, die alle viel Persönliches offenbaren.

Hier sind ihre Berichte:

Kerstin schreibt:

Emotionen, die uns leiten..., so singt Andreas Gabalier. Auch ich könnte heute ein Lied darüber singen...

Ich bin 49 Jahre alt und Mutter von zwei Kindern. In meiner Vorstellung von Erziehung gab es nur Harmonie, Verständnis und ganz viel Liebe zwischen meiner Tochter, meinem Sohn und mir. Doch leider zerstörten Pubertät und Charakter meiner sehr willensstarken Tochter diese Vorstellung und stellten mich zeitweise vor arge Herausforderungen.

Meine Tochter suchte Machtkämpfe und Reibereien und diese in erster Linie mit mir. Eigentlich wäre es leicht gewesen mit mir auszukommen, denn ich glaube, ich bin so ziemlich die gutmütigste und harmoniesüchtigste Mutter der Welt, der nichts so sehr gegen den Strich geht wie Streit und Missstimmungen mit meiner Familie. Schläge und Gewalt waren für mich schon immer undenkbar und passten nicht in mein Erziehungs- bzw. Nichterziehungskonzept. Wenn ich so reflektiere, stelle ich fest, dass ich wahrscheinlich eher nicht erzogen habe, sondern eher darauf gebaut habe, immer wieder mit gutem Beispiel Vorbild zu sein oder mit viel Verständnis in allen Situationen zu reagieren.

Daher ist es umso unvorstellbarer, dass ich wegen einer Lappalie, wegen einer Nichtigkeit völlig ausgerastet bin. Noch heute ist mir dieser Tag gut im Gedächtnis, da diese Ausrastsituation zum Glück einmalig blieb.

Meine Tochter hatte mich zig-fach provoziert. Teilweise täglich mit allen möglichen und unmöglichen Dingen des pubertierenden Daseins. Seien es Regeln, an die sie sich nicht hielt, Freiheiten, mit denen sie nie umgehen konnte, Grenzen, die wenn schon mal gesetzt, permanent überschritten wurden, Launen, die nicht mehr zum Aushalten waren und vieles mehr.

Viele Mütter wissen sicher was ich meine. Denn meine Tochter war nicht außergewöhnlich frech oder aufsässig, sie wollte nur absolut nicht das, was ich wollte. Meine Nerven wurden also bis aufs Äußerste strapaziert und daraus entstand ein Problem. Ich war permanent in Abwehrhaltung und ließ mich von meiner Tochter und von ihrer teilweise minütlich wechselnden Stimmung leiten und provozieren. Kurzum, ich hatte durch die tagtäglichen Auseinandersetzungen und Herausforderungen meine Toleranz und Objektivität gegenüber jeglicher Situation verloren. Ich wurde sofort laut, so dass selbst jeder Außenstehende bemerkte, dass der Ton zwischen uns einfach nicht stimmte. Über diese Entwicklung unserer Beziehung war ich sehr traurig und ich verstand einfach nicht, warum ich nicht in der Lage war dies zu ändern.

Aber es war immer wieder das gleiche Schema. Ein Wort gab das andere, wir schrieen und keiften uns an und hätten uns gegenseitig in der Luft zerreißen können. Ich litt unter unseren Streitigkeiten, denke ich, mehr als sie, denn solch einen emotionalen Stress wollte ich nie haben. Wie gesagt, ich litt ohne Ende. Abends im Bett nahm ich mir vor den morgigen Tag mit ganz viel Ruhe und Gelassenheit anzugehen, um meinen Traum von einer guten Mutter-Tochter-Beziehung doch irgendwie zu erreichen. Aber spätestens der Blick, den sie mir bei der ersten morgendlichen Begegnung zuwarf, sagte mir wieder nur den Kampf an und ich war ihre Gegnerin. Alle meine Vorsätze waren dahin und wir befanden uns wieder einmal mitten in unserem Leben. Die Stimmung der ganzen Familie war auf dem absoluten Nullpunkt und Spaß machte zu Hause gar nichts mehr.

Meine Tochter wollte von mir in Ruhe gelassen werden, ohne jegliche Kommentierung ihres Tuns und

Handelns, doch konnte und wollte ich ihr diesen Gefallen nicht tun.

Ich wollte natürlich nur ihr Bestes und dazu gehörte auch ordentlich für die Schule zu arbeiten. Da eine Klassenarbeit angekündigt war forderte ich sie auf Vokabeln zu lernen, die ich abfragen wollte.

Es war Sommer und heiß und wir saßen auf unserer Reihenhausterrasse. Publikum und Zuhörer waren in unserer engen Wohnsiedlung genügend vorhanden. Meine Tochter fing - wie sollte es anders sein - wieder an mit mir zu diskutieren. Sie sagte, dass sie keine Lust hätte, alles sowieso unnötig wäre und weigerte sich schließlich, das zu tun, was ich wollte, nämlich meinen Anweisungen folgen. So spürte ich ein noch nie erlebtes Gefühl in mir hochsteigen. Ich konnte schreien und drohen wie ich wollte, es half alles nichts. Sie blieb stur wie ein Bock und ihr provokantes Verhalten brachte mich zum Kochen. Ich spürte eine unglaubliche Wut, Ohnmacht und völlige Hilflosigkeit. Mir fiel kein einziges Argument mehr ein, das die Situation hätte lösen können. Ich dachte auch nicht mehr darüber nach, dass es doch mein kleines Mädchen war, dem ich bei der Geburt geschworen hatte, immer auf es aufzupassen und es vor allem zu schützen so gut ich konnte. Ich holte einfach aus und schlug ihr mit meiner rechten Hand auf die linke Wange. Für einen kurzen Moment waren wir beide geschockt, dann lief sie schreiend ins Haus und versank heulend auf der Couch. Die Zuhörer draußen waren mir noch immer egal. Ich ging, außer Kontrolle, wieder auf sie los, fasste ihr Kinn ganz fest mit meiner Hand und wäre in der Lage gewesen noch viele Ohrfeigen zu geben, hätte mein Mann dies nicht verhindert.

Verstehen konnte ich mich damals nicht und kann es bis heute nicht. Solch eine unbändige Wut und den Zwang diese rauszulassen, das war doch nicht ich. Mit Verstand hatte dies wohl nichts zu tun, denn pädagogisch war das wohl das Letzte. Natürlich verstehe ich, dass dieser Tag nur der Tropfen war, der das Fass zum Überlaufen brachte. Trotzdem bin ich noch heute entsetzt darüber, dass es geschehen ist. Ich würde es gerne rückgängig machen, weil es mir und ihr gar nicht genützt hat. Ich habe lediglich gezeigt, dass ich in diesem Moment Macht über sie haben wollte. Einmal zeigen, wer hier die Stärkere ist. Wie schwach!!! Meine Tochter hat mir diesen Wutausbruch, so hoffe ich, nicht übel genommen, da sie wusste, wieviel tausendmal sie mich herausgefordert hatte. Aber dennoch hätte es meinerseits viele Möglichkeiten gegeben, mit ihr und ihrem Verhalten klüger, vernünftiger und effektiver umzugehen, wären meine Emotionen steuerbar gewesen. Aber ich habe erlebt, dass Emotionen viel stärker als der Verstand sind und sehr häufig unser Handeln bestimmen.

Schon lange ist unser Mutter-Tochter-Verhältnis auf gleiche Ebene gerückt und das lässt uns liebevoll miteinander umgehen. Meine Tochter hat es vorgezogen weit weg zu leben, so dass sie tatsächlich ohne Kontrolle tun und lassen kann, was sie für richtig hält. Bis heute kann sie es nicht ertragen, wenn man ihr belehrend oder sogar kritisierend entgegentritt. Das spornt sie an zu widersprechen, zu trotzen, kurzum, sauer zu sein. Aber ich habe gelernt heute ruhig zu bleiben und je ruhiger ich bleibe, umso leichter fällt es ihr sich nicht aufzuregen und auch ruhig zu diskutieren.

So gehen wir heute beide vorsichtiger miteinander um, haben oft Sehnsucht nacheinander und fühlen uns, wenn uns auch viele Kilometer trennen, im Herzen nah.

Wenn ich mir unsere Geschichte rückblickend betrachte, dann finde ich diese Entgleisung meiner Wut gar nicht mehr so schlimm. Irgendwie gehört auch dieser Tag zu uns, zu mir und zu ihr. Da wir sicher beide unter unserer Kampfzeit damals gelitten haben, gehen wir heute vielleicht deshalb vorsichtiger miteinander um. Und unserer Liebe zueinander hat es nie geschadet.

Manch einer mag sich darüber wundern, dass ich über einen Wutausbruch und eine einzige Ohrfeige schreibe, als sei es etwas Außergewöhnliches, da es doch Familien gibt, in denen Ohrfeigen tagtägliche und gängige Erziehungsmethode sind. Aber genau das war es für mich nicht. Für mich war es das Außergewöhnliche, dass ich meine Tochter geschlagen habe!

Ich bin als Mensch mit einem extremen Harmoniebedürfnis ausgestattet, dessen Ursprung wohl in meinen Genen, in meinem Charakter oder vielleicht sogar in meiner Kindheit zu finden ist. Schon als kleines Mädchen mochte ich es nicht, wenn meine Eltern stritten oder mein Bruder mit dem Kopf durch die Wand wollte oder, schlimmer noch, mit mir böse war. Ich verhielt mich ganz im Gegensatz zu meinem älteren Bruder von vornherein so, dass kein Konflikt entstand. Ich hatte damit Erfolg und das machte mich, glaube ich, zu einem ausgesprochen lieben Kind.

Später, als ich meinen Mann kennengelernt habe, trafen sich in diesem Punkt zwei Gleichgesinnte. Auch er hasste Streit und laute Worte. Er begründete seine Haltung damit, dass seine Mutter früher fast immer geschrien hätte und deshalb noch heute Schreierei und Keiferei körperliches Unwohlsein bei ihm auslösen würden.

Es kann also möglich sein, dass mein überaus großes Harmoniebedürfnis aus meiner frühen Kindheit kommt. Mein Bruder suchte schon eher mal die Herausforderung und scheute weder Ärger noch Streit, aber bewusst kann ich mich nicht an einschneidende Erlebnisse erinnern, denn meine Eltern nahmen sich viel Zeit für uns. Sie hatten immer ein offenes Ohr für unseren Kummer oder unsere Bedürfnisse. Wir waren und sind eine tolle Familie geblieben die gern zusammen ist. Wir verbringen auch gerne gemeinsame Urlaube miteinander.

Auch unsere Freunde und Freundinnen fühlten sich wohl bei uns und beneideten uns darum, dass wir jederzeit Besuch mitbringen durften, der auch immer herzlich willkommen war.

Auch wenn meine Eltern manchmal stritten, waren sie in vielen Punkten ein Vorbild für mich. Das führte dazu, dass ich ebenfalls für meine Kinder ein Vorbild sein wollte. In meiner Kindheit bin ich nicht geschlagen worden und habe nie eine Ohrfeige erhalten. Ich weiß bis heute nicht, wie sich so etwas anfühlt. Folglich wollte ich auch nicht, dass meine Kinder dieses erleben sollten und doch kam es zu meinem Ausbruch...

Und dann noch wegen dieser unwichtigen Vokabeln. Wirklich unwichtig!!!

Ich hätte meine Tochter doch einfach in Ruhe lassen können und es wäre doch ihre schlechte Note gewesen, die sie erhalten hätte. Denn schließlich galt bei uns zu Hause schon immer die Devise, dass Schule zwar wichtig ist, aber absolut nicht das Wichtigste im Leben. Lernen ja, um weiterzukommen, um das Möglichste eines Schulabschlusses zu erreichen, aber Zeit für Sport, Freunde, Freizeit, ja sogar zum Faulenzen sollte nie zu kurz kommen. Wir waren alle fleißig zu Hause, lebten jedoch nie nach dem allein seligmachenden Leistungsprinzip.

So könnte man meinen, dass ich beruflich mehr hätte aus mir machen können. Doch bin ich heute sicherer und mehr der Ansicht als je zuvor, dass es die größte Leistung meinerseits ist, in vielen Bereichen bestehen zu können und mich in meiner Rolle als Mutter, halbtags berufstätig, ohne Hilfen im Haushalt, Garten- und Handwerkertätigkeiten zu bewegen. Ich wäre nicht glücklich und zufrieden, wenn ich zwar mehr Geld verdienen würde, dafür aber mein Leben, zu dem ja viel mehr gehört als Geld, von anderen leben lassen müsste.

Wenn ich von Zeit zu Zeit nachdenke und mich frage, ob alles so richtig ist, dann stelle ich fest, dass die Ohrfeige, die ich meiner Tochter gegeben habe, kein nachhaltiges Drama für uns war. Aber diese Ohrfeige ist auch nichts worauf ich stolz bin. Wäre ich heute in der gleichen Situation wie damals, würde ich auf das Vokabellernen verzichten, denn diese 20 nicht gelernten Vokabeln hätten der Klugheit meiner Tochter nicht geschadet.

Das ist mir noch klarer geworden, nachdem ich meine Gefühle, Wünsche und Gedanken aufgeschrieben habe. Mir ist auch bewusst geworden, dass ich mir und meiner Tochter verzeihen kann und dass wir beide dazugelernt haben, vor allem, weil wir vorsichtiger miteinander umgehen. Das gibt mir ein gutes Gefühl und kommt meinem Harmoniebedürfnis entgegen.

Marie-Kathrin schreibt:

Der 25. Geburtstag meiner geliebten Tochter sollte etwas ganz Besonderes werden, zumal es auch noch der 25. des Monats war. Ich sollte Recht bekommen, denn dieser Festtag würde uns beiden in Erinnerung bleiben, aber ganz anders als ich es gedacht hatte.

Meine beiden Töchter hatten mir immer sehr viel Freude bereitet, anders kannte ich es nicht. Selbst während der gesamten Schulzeit gab es nur Lob von allen Seiten.

Meine Erziehung zielte darauf ab ihnen Gefühlserlebnisse zu verschaffen, etwas zu erarbeiten. Zum Beispiel zeigte ich ihnen immer wieder Bilder von unbekannten Menschen und fragte sie: "Was glaubt ihr, ist dieser lieb oder böse?"

Sah die Person grimmig aus, sahen sie diese als böse an. Lächelte sie dann war sie lieb. So lernten meine Töchter früh, dass man jemanden nie nach dem Äußeren einstufen durfte. Zum Beispiel konnte jemand "Liebes" ein Kindermörder sein und jemand "Böses" ein Friedensnobelpreisträger.

Bei uns wurde viel diskutiert und Erfahrungen ausgetauscht. Das hat mir sehr gut gefallen. Als meine Töchter älter wurden, haben sie mir oft den Spiegel vorgehalten. Ich musste mir starke Kritik anhören. Bei

Freunden sollte ich cool wirken, aber wiederum nicht zu cool. War ich spontan, dann ging der Gaul sprichwörtlich mit mir durch und ich wurde später unbarmherzig darauf hingewiesen. Obwohl ich einiges schlucken musste, habe ich immer gespürt, dass meine Töchter stolz auf mich waren und sich freuten, wenn ich in ihrer Nähe war.

Später einmal, als ich dachte, jetzt lass ich mich nicht mehr bei ihren Feiern blicken, waren sie traurig und fragten mich, wo ich denn gewesen wäre. Das hat mir ihre Wertschätzung gezeigt und mich sehr gefreut.

Ich meine, dass Kritik einen weiter bringt, wenn sie ehrlich gemeint ist, wie in unserem Fall. Hatte ich zum Beispiel falsche Geschenke gekauft, wurde ich unbarmherzig darauf hingewiesen. Das war keine angenehme Situation für mich, aber ich war nicht beleidigt, sondern sagte stattdessen: "Dann kommt das Geschenk in die Flohmarktkiste oder in den Geschenkeschrank." Und damit war die Sache erledigt.

Wir hatten uns eine Ebene aufgebaut, die das Band unserer Liebe immer enger werden ließ. Wie Recht meine Töchter doch mit so vielen Dingen hatten, das konnte ich ohne Einschränkung anerkennen. Ich hatte oft sogar den Eindruck, dass sie schon viel weiter waren als ich es heute bin. Aber auch sie nahmen die von mir geäußerte Kritik sehr ernst.

Für mich stand schon sehr früh fest, sollte sich mein größter Wunsch erfüllen, einmal eigene Kinder zu bekommen, dann würde ich alles anders machen als die vorherige Generation. In meinem Kopf hämmerte es fortwährend von Vorstellungen, Zielen, Wünschen, Träumen und Ängsten. Und manchmal wurde das alles von Migräne dominiert, die ich gern aus meinem Leben verbannt hätte.

Damals, als ich eine Jugendliche war, fand hin und wieder in unserem Ort eine sogenannte moderne Rock-Messe statt. Dies war keiner jener langweiligen Gottesdienste, die einfach nicht enden wollten, sondern etwas Modernes, etwas Fetziges mit Schlagzeug, Keyboard und schnellen Liedern, die man gerne mitsang.

Zwischendurch wurden von den Jugendlichen abwechselnd Fürbitten vorgelesen. Es wurden Wünsche an Gott herangetragen mit der Erwartung, dass er diese erfüllt. Diese Fürbitten änderten sich durch die Zeitumstände, aber eine war immer dabei. Ich wartete schon darauf diese EINE zu hören, denn ich spürte schon den nassen Waschlappen in meinem Gesicht oder soll ich sagen, dass dieser Satz mir das Blut in den Adern gefrieren ließ und noch immer gefrieren lässt "Lieber Gott, wir bitten dich darum, lass unsere Eltern in Zukunft mehr Zeit und Verständnis für uns haben."

Ja, da war sie nun, diese Fürbitte, und mein stets innerlich folgendes Versprechen, dass meine Kinder, so Gott will, dass ich welche bekommen sollte, nie diese Fürbitte vorlesen müssen.

Schon als Jugendliche schwor ich mir alle Zeit der Welt für meine Kinder aufzubringen, Verständnis in allen Lebenslagen für sie zu haben, mit durchdachten Ratschlägen zur Seite zu stehen, ihre Filme mit anzuschauen, ihre Musik mitzuhören und mit ihnen zu diskutieren, was in und out ist. Mit einem Satz, mit meinen Kindern auf gleicher Augenhöhe zu stehen.

Die Zeit damals war schon krass. Die langen Haare bei den Jungs sahen bei den meisten ungepflegt aus. Das Wort "Style" war noch lange nicht erfunden. Laute, provokante Musik, zum Beispiel "Deep Purple" oder "Pink Floyd", wurde gehört statt der wunderbaren Oper "Madame Butterfly", die meine Eltern fortwährend hörten. Es wurden Jeans statt Kostüm, lange Dauerwellen-Mähne statt biederer Kurzhaarfrisur getragen. Es war die Zeit der Rebellion der Jugend an allen Ecken und Kanten. Dieses Zusammentreffen der Selbstfindung meiner Generation mit der Nachkriegs-Spießer-Generation unserer Eltern war nicht einfach.

Aber tief im Inneren war ich dem Wunschdenken meiner Eltern erschreckend angepasst. Wie viel

Macht sie doch auf mich ausübten, das wird mir heute erst richtig bewusst.

"Das kannst du nicht machen..."

"Was sollen die Leute denken..."

"Du blamierst uns...", bekam ich ständig zu hören. Sie dachten ja für mich mit, was sollte ich mir da noch den Kopf zerbrechen. Sie bestimmten alles und mir blieben nur noch meine Träume. In dieser Zeit habe ich mich nicht verstanden gefühlt und ich entwickelte mich immer mehr zu einer Tagträumerin.

Jeden Tag musste ich um achtzehnuhrdreißig zu Hause sein um den Laden zu putzen. Das hat mir nicht so gut gefallen und keine gute Laune verursacht.

Ich traf mich mit meinen Freundinnen nach dem Lernen und musste immer um diese Uhrzeit zum täglichen Putzen. Am schlimmsten war die Schufterei bei Nässe. Der Linoleumboden war so stumpf, dass es die reinste Schinderei war, die ich überaus hasste, wie man sich wohl nicht schwer vorstellen kann. Und dann hasste ich auch meine Eltern.

Am Wochenende durfte ich die Hausarbeit verrichten. Jeden Mittag musste ich spülen. Meine Oma kochte sehr fettig. Ich sehe heute noch das triefende Fett an ihren Händen heruntertropfen. Das ist keine appetitliche Erinnerung.

Sie war eine liebe warmherzige Großmutter. Wenn sie nicht zu müde war, half sie mir meistens bei der endlos erscheinenden Spülarbeit.

Ich frage mich, warum sie uns nie die Arbeit erleichtert hat, indem sie Wasser in die total angebrannten Pfannen und Töpfe gegossen hat. Wusste man damals noch nicht, dass sich dadurch viel Angebranntes vom Topfboden löst? Arbeitserleichterung? Nein, sie hatte ja mich!!!

Bei meinem elf Monate älteren Bruder sah die Sache anders aus. Er war der "King", der "Erstgeborene", der "Stammhalter"! Hausarbeit gab es für ihn nicht. Er brauchte sich nur an den gedeckten Tisch zu setzen und seinen Phantastereien freien Lauf zu lassen und alle hörten zu. Er konnte seinen Weg gehen und durfte mit "Daddy`s" Mercedes, der zur damaligen Zeit ein Bonzenauto war, zur Schule fahren. Privilegiert fuhr er an der Bushaltestelle vorbei, an der die anderen Schüler frierend, von einem Bein auf das andere tretend, auf den Schulbus warteten. Manchmal stand ich auch da.

Ja, im Gegensatz zu mir durfte er seine Pubertät voll ausleben und bekam sogar elterliche Unterstützung. Mit Erlaubnis meines Vaters durfte er sich bei uns zu Hause mit seinen Freunden einen "Beatschuppen" mit Lichtorgel, Abtrennvorhängen für mehrere Kuschelecken und einer Anlage zum Musikhören einrichten.

Mein Vater half ihm sogar und war stolz über diese "Privatdisco", die er seinem Ältesten ermöglichte. Anfangs traf man sich dort zu kleinen Partys. Mit der Zeit fanden stadtbekannte Partys mit Eintrittsgeld und käuflich zu erwerbenden Brötchen statt.

Meine Eltern sahen es nicht gerne, wenn ihre "wohlgeratene" Tochter an diesen "Orgien" teilnahm. Wahrscheinlich nahmen sie an, dass ich etwas sehen könnte, was für meine unverdorbenen Augen nicht bestimmt war. Was hätte das sein sollen? Knutschende Pärchen? Zur fortgeschrittenen Stunde lagen die ohnehin überall herum.

Plötzlich, ohne jegliche Vorankündigung ging die Tür auf. Mein lieber Vater schaute verstohlen mit großen Augen in die Runde. Jeder der hier Anwesenden, der nicht gerade sturzbesoffen in der Ecke lag, konnte erkennen, wie mein Vater mit seinen großen Augen jeden Winkel des Raumes "abscannte".

Lustig, wie sich alle knutschenden Pärchen wie auf Knopfdruck auseinanderbewegten und verstohlen in die Richtung meines Vaters blickten, der auch irgendwie unsicher wirkte.

Was sollte er tun? Es passte ihm nicht, was er sah. Sollte er rumschreien: "Setzt euch auseinander, hier wird nicht geknutscht und gefummelt!" Nein, das wäre dann doch peinlich gewesen. Meinem Vater war sein guter Ruf wichtig. Er wollte nicht, dass es später im Ort hieße: "In diesem Beatschuppen bei… geht es drunter und drüber und die "Alten" sagen nichts dazu."

Ich konnte ihn irgendwie sogar verstehen, denn manche Teenies kannten ihre Grenzen auch wirklich nicht.

Es war toll solch eine "Begegnungsstätte" zur Verfügung gestellt zu bekommen. Andere Eltern nahmen lieber Reißaus vor der rebellischen Jugend. Mein Vater hat zur damaligen Zeit einiges schlucken müssen. Laute Musik, Mieter, die sich beschwerten, verpisste Toiletten im Haus, offene Türen nach außen und immer die Angst, es könnte etwas passieren, denn irgendwann war Alkohol im Spiel, später sogar Drogen wie Haschisch, das von kiffenden Freaks hinein geschmuggelt wurde.

Als dann einmal die Polizei vor der Tür stand, hat sich mein Vater meinem Bruder gegenüber toll verhalten. Partys ja, aber nicht mehr mit diesen verrufenen, kiffenden Typen, die einem die Bullen ins Haus brachten.

Mein Vater behauptete sogar Haschisch sofort zu riechen. Ab dieser Stunde gingen seine Augen nicht mehr verstohlen durch die Party feiernde Runde, sondern er besann sich mehr auf seinen Geruchsinn. Das sollte man auch nicht herunterspielen.

Am nächsten Tag, am Mittagstisch, erzählte ich meinem Vater dann alles, was ich beobachten konnte. Mein Bruder war darüber wenig begeistert. Dabei wusste ich schon was ich sagte, denn als Verräterin oder als "Tratsche" wollte ich nicht wirken. Doch als ich sah, wie meine Eltern und meine Oma total interessiert und aufmerksam zuhörten, merkte ich manchmal nicht, wie ich zur "Märchenerzählerin" mutierte.

"Furchtbar, wie manche sich gehenlassen und besoffen an die Typen schmeißen", war die Antwort meines Vaters. "Gottseidank bist du ja nicht so, dafür sorgen wir schon."

Nach diesem Satz hatte ich ein Scheißgefühl! Was hatte ich alles erzählt? In meinem Inneren brodelte es, und ich hätte gerne jedes Mal herausgeschrien: "Ich will auch einmal "böse" sein wie ihr es nicht von mir erwartet. Ich möchte auch "verbotene" Dinge tun, die euch nicht gefallen. Ich möchte Nächte durchmachen, das Böse in mir nach außen kehren und mit Jungs abhängen!"

Aber mein Leben war anders, und ich liebte meine Eltern über alle Maßen. Dann doch lieber in der Spur laufen, bevor einer von ihnen einen Herzinfarkt bekommen würde. Außerdem hatte ich doch meine Tagträume, in denen ich alles durchlebte, wonach mir der Sinn stand.

Aber zurück zu den Fürbitten, die für mich immer ein kleiner Schock waren. Alle Erwachsenen hatten zu tun und die Jugend lechzte nach Verständnis.

Ich würde es anders machen und Zeit und Verständnis für Kinder haben. Daher wollte ich seit jeher Erzieherin, die damals noch als „Kindergärtnerin" bezeichnet wurde, werden. Das war mein Traumberuf. Mein Vater war empört. Für ihn war das kein Beruf: "Den Kindern die Nasen putzen und den Arsch abwischen!"

Ich kann meinen Eltern keinen großen Vorwurf machen, dass ich diesen Weg nicht von Anfang an gewählt habe. Ich hatte nicht viel Eigeninitiative gezeigt und mich nicht um meine Zukunft und um meinen Werdegang gekümmert. Eine besonders gute Schülerin war ich auch nicht gewesen. Meine Noten waren im Mittelfeld.

Also trafen meine Eltern die Entscheidung und schickten mich auf eine private Handelsschule, die für mich der absolute Horror war.

Das Kaufmännische war gar nicht mein Ding. Steno lernte ich, das war mir auch immer sehr nützlich. Meine Eltern trösteten mich und halfen mir so gut es ging, die zwei Jahre durchzustehen.

Die Schule war für mich das reinste Desaster. Wie konnte man so eine Fehlentscheidung treffen? Dann landete ich mit einem dreijährigen Lehrlingsvertrag in einem Anwaltsbüro. Jetzt ging es mir erst so richtig beschissen. Was sollte das?

Mein Vater versuchte mir das Ganze schmackhaft zu machen, ich würde ja nach der Lehre am Gericht arbeiten und das wäre viel besser. Stattdessen: Dreckige Ordner über irgendwelche Streitigkeiten, Wirrwarr hier, verschwundene Ordner da, das war eine furchtbare Zeit, die schnell ein Ende nahm.

Jetzt kommt der Punkt an dem Gott Erbarmen mit mir hatte. Er wusste um meine innere Berufung, meine Liebe zu den Kindern, den Meisterstücken seiner Schöpfung!

Durch eine wundersame Fügung bekam ich einen damals heiß begehrten Schulplatz auf der Erzieherinnenschule, welch ein Glück. Mein Leben wurde nach der langen Finsternis von der Sonne durchflutet. Ich hätte die ganze Welt umarmen können. Weiter auf der Glücksspur ging es direkt im Anschluss daran, mit einem Superzeugnis, an einen Kindergarten in meinem Ort.

Mein Vater hatte seine Meinung über diesen Beruf geändert. Er sah, wie glücklich ich war und hörte mir gerne zu, wenn ich von der Arbeit erzählte. Allein, dass man nicht mehr "Kindergärtnerin", sondern "Erzieherin" nach der fünfjährigen Ausbildung sagte, beeindruckte ihn schon.

Eine Kollegin sagte zu mir: "Früher haben die "Doofen" diesen Beruf ausgeübt. Frei nach dem Motto: Für Kinder sind die wohl noch zu gebrauchen." Diese Kollegin hatte diese Zeit der beruflichen Diskriminierung noch erlebt. Später musste sie die Ausbildung als Erzieherin nachholen.

Da ich selbst als Kind in ihrer Gruppe war, hatte ich einige schlimme Erinnerungen an die "Doofe". Ein Kind hatte zum Beispiel etwas angestellt und weil sie nicht wusste wer es war und sich niemand meldete, musste sich jedes Kind in den Kreis stellen und bekam einen Schlag auf den Po. Das war dann eine Kollektivstrafe. Sie war für mich furchtbar.

Ein anderes Mal hatte ich nicht direkt zugehört und als Strafe musste ich meine Hand auf eine Kletterstange legen, um Hiebe zu bekommen. Als ich so da stand mit der Hand an der Kletterstange, wurde sie plötzlich gerufen und verschwand mit der Aufforderung: "Lass die Finger darauf, ich komme gleich wieder!"

Kann sich jemand vorstellen, welchen kleinen kindlichen Tod ich da gestorben bin? Gottseidank hatte sie mich anschließend vergessen. Ich bekam keine Schläge.

Nun ja, später nach ihrer Ausbildung war diese "Kindergärtnerin" eine sehr geschätzte und beliebte Erzieherin bei den Kindern und bei den Eltern. Wir haben noch immer Kontakt zueinander und auch ich schätze sie sehr. So kann es gehen.

Der Erzieherinnenberuf war mir wie auf den Leib geschnitten. Was gab es Schöneres als mit Kindern zu arbeiten? Den Eltern gefiel meine Arbeit. Sie spürten meine Liebe zu ihren Kindern. Auch ich merkte schnell, ob jemand etwas vorspielte oder es ernst meint.

Mir war es wichtig, immer eine schöne und ruhige Atmosphäre in meine Gruppe zu "zaubern". Einige Eltern wollten ganz energisch unbedingt ihr Kind zu mir in meine Gruppe schicken. Das erfreute mich

sehr, belastete aber irgendwann das Arbeitsverhält-
nis mit den Kolleginnen, die über diese Entwicklung
nicht erfreut waren.

Diese Situation führte schließlich dazu, dass ich mich
bei den wöchentlichen Teamsitzungen zurücknahm,
kaum noch Vorschläge machte und mich sehr unwohl
fühlte. Als ich später diese Einrichtung verließ, über-
redeten mich die Kolleginnen, an ihren monatlichen
privaten Treffen teilzunehmen. Also allzu unbeliebt
kann ich im Grunde doch nicht gewesen sein, denn
heute, fast 30 Jahre später, treffen wir uns immer
noch. Es ist eine richtige Freundschaft entstanden,
die wir weiterführen werden.

Toll man muss sich und anderen nur eine Chance geben. Es lohnt sich. Wenn es geht, sollte man sich
selbst nicht immer so wichtig nehmen, mehr auf die
anderen zugehen, ab und an mal sein Verhalten
überdenken und selbstreflektiert, nicht nachtragend
sein und nach vorne schauen. Das sind Erkenntnisse,
die ich wichtig finde, und die mir ein gutes Gefühl geben.

Ich finde auch, man sollte nicht zu sehr in alten Ge-
schichten rühren, aber manches vergisst man nicht.
Lernte ich zum Beispiel mit den Kindern ein Gedicht
auswendig, sei es zum Muttertag oder zu Weihnachten, dann tippte ich dieses Gedicht zu Hause mit mei-

ner Kofferschreibmaschine ab um es den Kindern mitzugeben. So konnten die Eltern nachhelfen, sollte ein Kind nicht mehr weiterwissen. Hat nicht jeder das schon einmal erlebt? Man freut sich darauf etwas vorzutragen oder man hat Angst davor und hat plötzlich einen Blackout. Peinlich, nicht wahr!

Mit zunehmendem Alter sieht man das gelassener - doch als Kind? Meist genügt ein Wort als Hilfestellung und das vorgetragene Gedicht findet ein glückliches Ende.

Meine Kolleginnen sahen das anders. Wie die Hyänen fielen sie über mich her nach dem Motto: "Wenn ein Kind nicht mehr weiter weiß, dann ist das halt so. Wir fangen doch nicht damit an jedes Gedicht abzutippen, wo kämen wir da hin! Da hatte ich meinen Senf auch schon weg und machte es fortan heimlich.

Hin und wieder habe ich Kinder erlebt, die sehr unter dem Trennungsschmerz litten, wenn sich die heißgeliebte Mama, manchmal sogar heimlich, aus dem Kindergarten davonschlich. Dies ist glücklicherweise heute nicht mehr so, weil die sogenannten "Eingewöhnungstage" eingeführt worden sind.

Aber damals musste das Kind sich von einer Sekunde auf die andere mit dem Alleingelassensein und den vielen lärmenden, fremden Kindern in der neuen

Umgebung zurechtfinden. Da half auch kein Weinen. Ein beliebter Satz der Erzieherinnen war dann: "Du kannst so laut brüllen wie du willst, es nützt dir nichts und am Ende gewinne ich!" Horror!

Das tat mir weh und ich dachte: Warum kann man den Übergang nicht schöner gestalten? Man kann das Kind trösten, es auf den Schoß setzen und an sich drücken oder sachte über den Kopf streicheln. Die Antwort meiner Kolleginnen war: "Ja, das könnte man alles, aber dann wird man den anderen Kindern nicht mehr gerecht. Du müsstest dann alle auf den Schoß nehmen."

So eine bekloppte Argumentation. Ehrlich, diesen Quatsch haben wir damals in der Schule gelernt. Meine Pädagogik war weit davon entfernt. Die anderen Kinder brauchten mich doch in diesem Moment nicht wie dieses Kind mit seinem Trennungsschmerz und mit seiner Trennungsangst. Ihm wollte ich das Gefühl der Geborgenheit und Liebe vermitteln und wie sehr es sich darauf freuen konnte morgen wiederzukommen.

Das ist auch ein Beispiel für den inneren und äußeren Kampf, den ich damals geführt habe. Ich habe mich meiner Überzeugung entsprechend verhalten. ICH! Andere waren schwer von meiner Lebensphilosophie zu überzeugen. Nur wenn ich spürte, dass es fruchten konnte, versuchte ich es. Die Gefahr, dass daraus ein ausuferndes Streitgespräch entstehen konnte, war sehr groß.

Ich möchte betonen, dass ich Kritik durchaus vertragen kann, wenn ich diese für angemessen halte. Aber ich war innerlich immer total überzeugt von meinem Verhalten und meinte auch, wirklich gute Argumente zu haben, nur der Kampfgeist für diese Diskussionen fehlte mir manchmal.

Es gibt genug Dinge bei denen ich mich eines Besseren belehren ließ, meistens aber nicht in Erziehungsfragen. Andere Meinungen anzuerkennen fällt mir heute noch schwer. Ein Beispiel möchte ich noch nennen: Wie oft sagen Erwachsene: "Man darf nicht streiten!"

Ist ja toll. Die Kinder dürfen nicht streiten und was machen die Erwachsenen? Die Politiker, die Eltern und so? Daher habe ich das nie zu den Kindern gesagt. "Weißt du, man darf ruhig streiten, das tun alle, auch die Erwachsenen. Man muss sich nur wieder vertragen. Vielleicht habt ihr jetzt Lust dazu und wollt gemeinsam weiterspielen", oder so etwas Ähnliches war meine Aussage und es hat immer gefruchtet.

Warum bestrafen Eltern ihre Kinder, wenn diese zum Beispiel ihr Zimmer nicht aufräumen? Ein Kind kann doch gar nicht die Menge erfassen, die es aufräumt, wenn es mitten im Spiel ist. Wenn Erwachsene mit dem Kind gemeinsam aufräumen, vielleicht sogar ein Spiel daraus machen: "Komm, wir gehen auf Schatzsuche...", dann fühlt sich das Kind nicht allein gelassen und ist zufrieden.

Warum ich das alles erzähle? Meine Liebe zu den Kindern hat mein ganzes Denken und Handeln geprägt. Ich behaupte sogar, es hat mein ganzes Leben bestimmt! Aber das verstehe nur ich!

Damals, die Fürbitte in der Rockmesse: "Lieber Gott, wir bitten darum, dass unsere Eltern in Zukunft mehr Zeit und Verständnis für uns haben werden!" hat sich tief bei mir eingegraben. Diese Ziele für meine eigenen Kinder habe ich nie aus den Augen verloren. Gott hat mir diesen Traum, eigene Kinder zu haben, erfüllt.

Die schönste und bewegendste Zeit in meinem Leben waren meine beiden Schwangerschaften und die Geburten meiner beiden Töchter. Konnte ich so viel Glück überhaupt aushalten?

Ja, ich konnte, denn ich hatte immer mal wieder einen Weg gefunden, Gott für diese großzügigen Geschenke zu danken. Mein ganzes Leben war von meinem Glauben geprägt. Die religiöse Erziehung im Kindergarten und zu Hause war mir immer sehr wichtig.

Als ich Mutter wurde, hängte ich meinen Traumberuf an den Nagel, denn nun konnte ich meine Ziele, meine Vorstellungen von Erziehung ausleben, ohne irgendjemandem Rechenschaft ablegen zu müssen. Mein Weg heißt LIEBE und was, bitteschön, konnte daran falsch sein?

Meine Töchter "durften" in den Kindergarten. Wenn sie nicht wollten, was oft genug vorkam, machten wir unser eigenes Programm. Der Kindergarten war sowieso nur vormittags. Nachmittags fischten wir zum Beispiel Kaulquappen aus dem Teich, ließen sie zu Fröschen heranwachsen und gaben sie dann dem Teich zurück. Oder wir dachten uns Video-Clips aus, die uns noch heute erfreuen. Oder Seidenmalerei oder Erlebnisbad in unserer großen Badewanne mit viel Schaum oder so richtig matschen ohne auf die Kleidung zu achten und vieles mehr.

Die vielen Kinder aus der Nachbarschaft wurden wie selbstverständlich mit einbezogen. In der Hexennacht gab ich den älteren Jungs Tipps für Streiche. An St. Martin machte ich mit den Freundinnen und Freunden einen Martinszug im Haus, weil es draußen regnete.

Vor unserer Haustür fanden Flohmärkte statt und ich machte für meine Tochter kleine Popcorntütchen, die sie für damalige 10 Pfennig verkaufen konnte. Das machte ihr große Freude und sie war mächtig stolz. Dumm war nur, dass Martin, ein größerer Junge, alle Tütchen auf einmal kaufte.

Im Mai wurden kleine Schlüsselblumensträuße verkauft. Natürlich besteht die Gefahr des Verwöhnens, aber mit Liebe und Zeit?

Ich kaufte Markensachen auf dem Flohmarkt. Damals waren diese von Oilily. Sie sind gewaschen, giftstofffrei, laufen nicht mehr ein, färben kaum noch und man spart Geld. Also, was sprach dagegen? Meinen Kindern blieb kein Wunsch unerfüllt dank meiner Flohmarktbesuche. Am Heiligen Abend waren die Girls stundenlang mit Auspacken der Geschenke beschäftigt und freuten sich. Ich lobte mich innerlich selbst, wie billig die einzelnen "Schätze" doch waren.

Hat irgendjemand schon einmal die Fürbitte gehört: "Lieber Gott, wir bitten darum, dass unsere Eltern in Zukunft WENIGER Zeit und Verständnis für uns haben werden?"

Selbst meine Kinder fühlten sich nicht mit zu viel Liebe überhäuft. Ich gehe davon aus, dass ich das bemerkt hätte. Aber es gibt solche Eltern, die ihren Kindern kaum Luft zum Atmen lassen. Ich nahm und nehme meine Mädels sehr ernst und respektiere ihre Wünsche.

Aus vielen alten Stoffen nähte ich einen Riesentunnel. Das war ein Highlight für alle Kinder. Sie krabbelten und versteckten sich darin mit der entsprechenden Lautstärke und sie machten die Erfahrung Enge auszuhalten. Diesen Tunnel kann ich jeder Mama empfehlen.

Die Nachbarskinder fühlten sich bei uns wohl und die Eltern waren zufrieden. Dann gründeten größere Jungs eine Straßenband. Sie durften zu Hause wegen des Krachs nicht üben. Den Jungs stellten wir unsere Garage hin und wieder zur Verfügung. Ihre Eltern waren einverstanden.

Als in der Nachbarschaft mein Traumhaus zum Verkauf angeboten wurde, schlugen wir sofort zu, denn in dieser Umgebung konnte ich meine Wünsche verwirklichen. Ein Zimmer richtete ich wie eine Kindergartengruppe ein. Dazu gehörten ein Kasperletheater, ein Kaufladen, eine Puppenecke und ein Spielregal. Im Flur stand ein langer Kleiderständer mit vielen ausgefallenen Kostümen für Rollenspiele. Ich hatte für diesen Abschnitt meines Lebens mein Ziel erreicht und fühlte tiefe Zufriedenheit.

Die Geburtstage meiner Töchter waren bekannt. Besonders erinnere ich mich an die Zirkusvorstellung. Programmpunkte wurden eingeübt und am Schluss hatten wir eine filmreife Bühnenshow.

Eine Nachbarin sagte zu mir: "Was machst du für einen Heckmeck. Meine Kinder wollen mit ihren Freunden am Geburtstag nur eine Flasche Cola und Chips, dann sind alle zufrieden."

Muss ich diese Aussage noch kommentieren? NEIN!!! Bei uns nahm jeder aktiv am Programm teil. An späteren Geburtstagen wurden Musicals eingeübt und von mir gefilmt. Bei der anschließenden Filmvorführung merkten die Kinder dann, wie gut sie waren und staunten stellenweise über den eigenen Mut und die eigene Leistung. Eine ganze Woche arbeitete ich ein Programm aus, mit Requisiten, passender Musik, Spielen und allem was zu einem gelungenen Geburtstag gehörte. Bei all meinen Ideen hatte ich auch das große Glück von meinem Mann unterstützt zu werden.

Meine Kinder entwickelten sich gut. Als sie später eine weiterführende Schule in der Stadt besuchten, wurden sie morgens von ihrem Papa dorthin gefahren und nachmittags von mir abgeholt. So sparten sie viel Zeit und hatten während der Heimfahrt schon alles erzählt, was es zu erzählen gab.

Am meisten ärgerte mich das "Gewäsch" anderer Leute, die mich eines Besseren belehren wollten: "Warum fahrt ihr eure Kinder zur Schule und holt sie sogar noch ab? Die brauchen die Kontakte im Bus... und...und...und."

Das mag sogar stimmen, zumindest für verschlossene, kontaktarme, unselbständige Kinder, die zudem kein Durchsetzungsvermögen haben. Mein Mann und ich sorgten dafür, dass dies nicht zum Problem wurde. Selbständig und kontaktfreudig waren unsere Töchter. Die eine mehr, die andere weniger.

Ehrlich - ich wurde immer wieder darauf angesprochen. Mich hätte so was nicht interessiert! War der Grund das schlechte Gewissen derjenigen, wenn sie erzählten, dass ihre Sprösslinge nach der langen Busfahrt mit dem Umsteigen erst mal total ermüdet aufs Bett fielen?

Vielleicht habe ich auch den Fehler gemacht und erzählt, wie entspannt meine Töchter direkt nach dem Essen die Hausaufgaben erledigt haben. Wir waren gut durchorganisiert. Heimlich haben die anderen mich schon beneidet, dass ich nicht zu arbeiten brauchte und viel Zeit mit meinen Töchtern verbringen konnte. Das konnte ich an manchen Bemerkungen unschwer erkennen.

Zum einen hätten diese Leute das auch so machen können, wenn ihnen das doppelte Gehalt nicht so wichtig gewesen wäre. Zum anderen wollte ich gern in meinem Traumberuf arbeiten, aber die Nähe zu meinen Töchtern war mir wichtiger. Man muss Prioritäten setzen.

Später vertrauten mir die Freundinnen meiner Töchter sogar Geheimnisse an oder sprachen mit mir über Probleme. Dabei erkannte ich, dass sie starkes Vertrauen zu mir hatten und gern in meiner Nähe waren. Die damals beste Freundin meiner beiden Töchter besuchte mit ihnen ein Dorffest. Weil das Mädchen zuvor nicht sein Zimmer aufgeräumt hatte, drohte die Mutter damit, alle drei nicht abzuholen. Den Tag zuvor hatte ich mich um die Heimfahrt aller Mädchen gekümmert und nun war diese Mutter an der Reihe.

Die Hinfahrt hatte ich übernommen, weil ich auf diesem Dorffest alte Freunde treffen wollte. Auch musste ich mir keine Gedanken um die Heimfahrt machen, weil ich bei meiner Mutter schlafen würde, die um die Ecke wohnte. Ich konnte also fröhlich feiern und ein Gläschen trinken. Ich freute mich. Endlich konnte ich mir mal die Nacht um die Ohren schlagen und musste nicht immer auf die Uhr schauen.

Es sollte nicht so sein. Ganz aufgeregt kamen die Mädchen zu mir. Sie teilten mir mit, dass die Mutter der Freundin alle drei nicht abholen würde und dass es ihr egal wäre, wie sie nach Hause kommen würden. Das wäre die Strafe für das nicht aufgeräumte Zimmer.

Was hieß das für mich? Am nächsten Tag hatten die Mädchen Schule. Sie durften nicht zu spät nach Hause kommen. Stopp, keinen Alkohol mehr und die drei zurückfahren. Keine weiteren Gespräche mehr mit alten Freundinnen und Freunden, die man nur einmal im Jahr sieht.

Somit wurde ICH bestraft. Halb besoffen fuhr ich die drei mit einem Scheißgefühl nach Hause.

Damit nicht genug. Am anderen Tag erzählte mir diese Freundin, dass ihre Mutter stinksauer auf mich wäre und mich auch selbst noch darauf ansprechen würde.

Was? Sauer auf mich? Wer hätte hier einen Grund sauer zu sein? Weiter erzählte mir das Mädchen, ihre Mutter wäre sauer, weil ich ihre Tochter mitgenommen und sie nicht alleine dort gelassen hätte, denn die Tochter sollte sich selbst um die Heimfahrt kümmern.

Das muss man sich mal klarmachen! Ich fahre meine beiden Mädchen nach Hause - übrigens durch einen dichten, unheimlichen Wald von fast 4 Kilometern - und sage zu der Freundin: "Nein, du nicht, du bleibst hier!"

Unglaublich! Solche nicht nachvollziehbaren Erziehungsmethoden habe ich bei dieser Mutter öfter erlebt. An dieser Stelle möchte ich erwähnen, dass diese Frau unbelehrbar und überaus besserwisserisch war, aber sehr ehrlich. Nie habe ich an ihr eine Lüge entdeckt, nicht mal eine Notlüge. Was soll`s!

Zu dem Mädchen entwickelte ich ein ehrliches, liebevolles Verhältnis und ich redete von ihr immer wie von meiner "dritten Tochter".

Mir war es dann auch irgendwann egal, dass das freundschaftliche Verhältnis mit der Mutter kippte. Eigentlich wollte ich mit dieser Geschichte nur zu verstehen geben, wie wichtig mir alle Kinder waren. Ein paar Jahre später schrieb meine "dritte Tochter" in ihre Abiturzeitschrift: "Dank an Marie-Kathrin, die immer für mich da war und mich stets motiviert hat, der ich viel verdanke."

Andere Eltern mussten sich Vorwürfe gefallen lassen, warum sie nicht dies oder jenes mit ihren Kindern unternommen hatten, so wie ich es getan habe. Diesmal waren es nicht die Kolleginnen, die mir zusetzten, sondern die Eltern.

Man muss nicht die Highlights machen, die wir uns ausdachten, doch Zeit und Verständnis sollten da sein. Ich hätte mein Verhalten innerlich sehr in Frage gestellt, wenn eine meiner Töchter solch einen Satz in der Abi-Zeitung zum Besten gegeben hätte. Aber diese Mutter war schmerzfrei. Sie hatte kaum Verständnis für ihre Tochter und machte diese sogar bei anderen schlecht. Das tat mir sehr weh, denn ich mochte dieses Kind sehr.

Wenn ich das Gespräch mit jener Mutter suchte, stellte diese ihre Tochter in einem noch schlechteren Licht dar und mir ging es dann auch immer schlechter. Dieses Mädchen wohnt heute weit weg und sucht kaum die Nähe zu ihrer Mutter. Diese leidet darunter sehr und fühlt sich einsam. Wie heißt es doch so trefflich in der Bibel: "Man kann nur da ernten, wo man gesät hat."

Meine Mutter sagte immer zu mir: "Was du alles für deine Töchter tust. Hoffentlich danken sie dir dies einmal."

Spricht da eine andere Generation oder könnte das heute auch noch jemand sagen? Früher kümmerte sich die eine Generation um die andere, da gab es noch die Großfamilie. Da wurde gemeckert, gestritten und gedankt. Da hatte Dank noch einen anderen Stellenwert. Heute wird erwartet und gefordert. Wer dankt da noch? Wenn die Erwachsenen das vorleben, werden die Kinder dies können. Man kann das lernen. Ich habe meinen Eltern gedankt. Sie waren immer ein Teil meiner Familie. Sie konnten an meinem Glück teilhaben, wie sie es verdient hatten.

Erwarte ich Dank?

Vielleicht ein bisschen, vielleicht...

Aber ganz ehrlich, als meine Töchter mich später mehrmals fragten: "Wieso bist du eigentlich nicht mehr arbeiten gegangen als wir größer waren, war dir nicht langweilig?" Da fühlte ich mich schon etwas verraten und machte mir so meine Gedanken. „Ja, Marie-Kathrin, wieso nicht?" Anscheinend wissen sie das nicht zu schätzen und es kam mir wie ein Vorwurf vor. Ich hatte doch ihnen und mir selbst so viel gegeben.

Nun ja, die Antwort hatte ich gefunden. Als meine Töchter 12 und 14 Jahre alt waren, bekam ich die niederschmetternde Diagnose: Brustkrebs.

Da ich genug Gottvertrauen hatte und er mir eine unbeschreibliche Energie zukommen ließ, war es eigentlich auch eine schöne Zeit. Meine Familie kümmerte sich sehr um mich. Für eine Zeitlang war ich der Mittelpunkt. Das war ein gutes Gefühl. Meine Töchter lasen mir jeden Wunsch von den Augen ab und nahmen mich später sogar mit auf ihre Konzerte.

Ich brauchte nur "piep" zu sagen und schon standen sie neben mir. Wie wichtig bei solchen Ereignissen der Schutz der Familie ist, hätte ich nicht gedacht.

Auch meine Eltern durchlebten diese krasse Zeit mit mir und gaben mir sehr viel Trost, Kraft und Zuversicht. "Wenn jemand das schafft, dann du", sagte mein Vater. Alle glaubten an mich und ich am meisten. Krebs ist besiegbar war meine Überzeugung. In dieser Zeit habe ich auch viel "Spirituelles" gelesen. Durch diese Krankheit bekam ich eine andere Sichtweise über viele Dinge.

Wir sind nicht unsterblich und sollten vielmehr leben als uns aufzuregen. Eines habe ich mich nie gefragt: "Warum ich?" Dazu muss ich sagen: "Warum ich nicht?"

So konnte ich Gott meine Liebe beweisen, indem ich die Krankheit nicht als Feind ansah, sondern als etwas, das sich versehentlich in meinem Körper verlaufen hatte und nun nach dem Ausgang suchte.

Irgendwann war das vorbei, ich war geheilt. So sahen das auch die anderen. Meine Töchter betüttelten mich nicht mehr. Allmählich war ich wieder für alles verantwortlich und man verzieh mir nicht mehr so schnell.

Meine Perücke habe ich nicht verbrannt oder zerschnitten wie viele es tun. Warum auch? Sie hatte mir gute Dienste geleistet. Sie schmückt nun meine Schaufensterpuppe, die im Wohnzimmer steht.

Im gleichen Jahr, ein paar Monate nach der Chemo, starb mein Vater. Obwohl er nicht gesund war, kam sein Tod für mich zu plötzlich. Einige Stunden vorher hatte ich ihm in einem Telefongespräch noch seine Wichtigkeit in meinem Leben beteuert. "Von dir weiß ich, dass du es wirklich so meinst", waren seine Worte, die mir ein gutes Gefühl gaben. Ich weiß, dass diese Aussage auf seine Söhne und Schwiegertöchter bezogen war, deren Aussagen er nicht immer traute. Leider klingelte der Postbote um etwas abzugeben und ich beendete das Gespräch.

Der Schmerz war sehr groß, als er starb. Er hatte so eine klare Sichtweise über die Dinge und sah erst einmal das Positive. In einem alten Film sagte einmal jemand: "Es gibt Menschen, Menschlein, Schleimscheißer und Blah-Blahs!" Mein Vater war ein Mensch.

Meine Mutter überlebte ihn um 10 Jahre. Die beiden führten eine Traumehe. Sie waren schon im Kindergarten und später in der Schule zusammen. Sie arbeiteten gemeinsam im eigenen Geschäft und unternahmen fast nichts ohne den anderen.

Wenn dann jemand wegfällt, ist es für die Kinder kaum zu schaffen die verbleibende Person aufzufangen. Meine Mutter sah in mir den Ersatz. Sie forderte mich sehr. Ich musste mich um vieles kümmern. Am Anfang hatte ich noch die Unterstützung meines älteren Bruders. Später fehlte diese.

Polinnen kamen, stritten, weinten, gingen. Es waren etwa 25 von ihnen in 10 Jahren. Meine Mutter war auf fremde Hilfe angewiesen. Durch einen Schlaganfall konnte sie nicht mehr allein gehen.

Wenn ich mich mit den Betreuerinnen gut verstand, entwickelte meine Mutter eine Eifersucht, die ich an ihr nicht kannte. Aber auch die Polinnen mussten unterhalten werden. Ich machte Touren und Reisen mit ihnen und meiner Mutter. Wir besuchten sämtliche Weihnachtsmärkte und Ortschaften immer mit dem Gedanken ‚sei gut zu den Polinnen, die sind dann auch gut zu meiner Mutter'. Auch bei mir zu Hause fanden sie schnell Familienanschluss. Sehr irritiert war ich über die Äußerung meiner Mutter: "Die sind nur nett, wenn du dabei bist, sonst sind die nicht so."

Meist ließ sie kein gutes Haar an diesen Frauen. Nie war sie zufrieden und so dachte ich, um beiden gerecht zu werden, dass gemeinsame Unternehmungen sie ablenken und sie sich wieder aufeinander oder miteinander freuen.

Meine Freundin sagte zu mir: "Du bist die Gesellschafterin der Gesellschafterin deiner Mutter."

Laut Aussage meiner Mutter klauten alle Polinnen. Dadurch gab es viele Probleme. Meine Mutter verlegte ihre Sachen, fand sie nicht wieder und beschuldigte dann die Betreuerinnen des Diebstahls und diese verzweifelten. Manchmal war ich durch die üble Aussage meiner Mutter so genervt und sagte dann: "Lass sie doch! Was die jetzt klauen, brauchen wir nicht mehr zu entsorgen."

Dass meine Mutter zunehmend dementer wurde, machte die Sache nicht einfacher. Es kamen auch immer mehr körperliche Einschränkungen hinzu. Ich wollte meiner Mutter noch eine schöne Zeit machen, was mir laut ihrer ständigen Aussage auch gelang. Aber ich war in diesen Jahren überaus gefordert.

Wann hätte ich denn wieder in meinen Beruf einsteigen sollen? Und es geschah dennoch. Als Integrationskraft wurde mir eine Stelle im Kindergarten vormittags angeboten. Wie bewirbt man sich auf so eine Stelle? Ich war nicht mehr auf dem Laufenden. Gibt es noch so etwas wie einen Lebenslauf? Als meine Töchter mir halfen, fühlte ich mich wie aus einer anderen Zeit. Vieles hatte sich verändert. Am Ende machten meine Töchter alles für mich und ich hatte plötzlich eine Arbeitsstelle. Aber unpassender hätte die Zeit meines Wiedereinstiegs in die Berufswelt nicht sein können.

Der Kräfteverfall meiner Mutter war nicht mehr aufzuhalten. Meine Tochter feierte ihren 23. Geburtstag und hatte meine Mutter und eine wieder einmal neue Polin eingeladen.

Es war uns fast nicht möglich, meine Mutter, trotz beiderseitiger Hilfestellung, bis zum Balkon zu bewegen, so schwach war sie. Mehrmals sackte sie ein und wir mussten sie halten. Beim Abschied wusste ich, dass sie zum letzten Mal hier war.

Es war furchtbar für mich. Ich suchte nach einem Hoffnungsschimmer und tröstete mich mit dem Gedanken: "Wenn ich mit ihr die entsprechenden Übungen mache und einige Vitaminpillen gebe, bekommt sie ihre alte Vitalität zurück."

Wieder einmal wollte ich nicht wahrhaben, dass mich ein geliebter Mensch in nächster Zeit verlassen würde. Ein paar Tage später stürzte sie zu Hause und kam ins Krankenhaus. Ich war mir nicht mehr sicher, ob ich die Arbeitsstelle im Kindergarten antreten sollte. Die nächsten drei Monate waren für mich kaum zu ertragen. Wenn es meiner Mutter besser ging, schöpfte ich Hoffnung und besprach mit ihr Dinge, die wir noch gemeinsam unternehmen wollten. Sie wurde viermal am Bein operiert. Es war Wahnsinn. Hätte ich nicht meinen Mann gehabt, der mir sehr half, ich hätte das nicht durchgestanden.

Kraft gaben mir auch "meine" Kinder an den Vormittagen im Kindergarten. Ich erzählte meiner Mutter von der Arbeit, schwärmte von den Kleinen und beteuerte ihr, wenn sie nach Hause käme, hätte ich nachmittags noch Zeit für sie.

Heute weiß ich, dass immer alles an der Tochter hängt. Söhne haben einen großen Stellenwert, wenn die Welt in Ordnung ist. Sind die Eltern alt, geraten sie in den Hintergrund und die Töchter werden hervorgeholt. Nicht gut! Gemeinsam hätten wir uns stützen können. Als meine Mutter starb, war ich gerade mit meiner Tochter im Urlaub. Ich glaubte bis zuletzt an ihre Genesung. „Wäre ich hier gewesen, ich hätte sie nicht gehen lassen", dachte ich immer wieder. Heute sage ich: "Sterben gehört dazu. Meine Mutter hatte ein schönes Leben und ein schönes Alter."

Da ich an die Auferstehung und somit an ein Weiterleben nach dem Tod glaube, finde ich hier meinen Trost. Dabei hatte ich alles getan, was in meiner Kraft lag. Sie starb mit 88 Jahren. Eine Mutter zu verlieren, gehört wohl zu den schlimmsten Ereignissen im Leben.

Zurück zu meinem Beruf und zu meinem Einsatz im Kindergarten. Nach und nach mochten mich die Kinder so sehr, dass die Eifersucht einer Kollegin unverkennbar war. Auch die Eltern suchten immer mehr das Gespräch mit mir.

Da war es wieder, das alte Problem. Obwohl ich das Gespräch mit der Kollegin suchte und mich sehr anstrengte, spürte ich, wie sie sich innerlich gegen mich wehrte. Komischerweise war die Stimmung außerhalb der Einrichtung mit ihr nicht ganz so schlecht. Auch andere Kolleginnen hatten ihre Differenzen mit ihr, erlebten sie aber nicht so hautnah wie ich. Da wir beide unterschiedliche pädagogische Vorstellungen hatten, konnte ich ihre Vorgehensweise mit den anvertrauten Kindern nicht mehr ertragen.

Nach Beendigung des Vertrages wurde mir eine neue Integrationsstelle angeboten, aber leider wieder mit dieser Kollegin. Da sie "beratungsresistent" war, sah ich keine Möglichkeit weiter mit ihr zu arbeiten.

Andere versuchten mich mit Engelszungen zu überreden, wollten mir Rückendeckung geben, doch ich wusste, dass ich letztendlich gegen dieses Kaliber nicht ankam. Sie war problembeladen in alle Richtungen. Innerlich hatte ich Mitleid mit ihr und hätte ihr sogar gern geholfen. Was ihre Arbeit anging, dachte ich oft: "Mag die überhaupt Kinder?"

Jetzt habe ich ein Alter erreicht, in dem ich mir solche Probleme nicht mehr freiwillig antun muss. Einmal in der Woche besuche ich als Sprachförderkraft die Einrichtung und mir gefällt meine Tätigkeit sehr. Die Eltern sagen mir, dass die Kinder immer nach mir fragen und sich freuen, wenn ich komme. Über Langeweile kann ich mich nicht beklagen. Es gibt viel zu tun im und ums Haus.

Inspiriert durch den Song: "Es reist sich besser mit leichtem Gepäck" von der erfolgreichen Band "Silbermond" sortiere ich aus. Viele Dinge werden auf dem Flohmarkt den Besitzer wechseln oder verschenkt, andere finden auf dem Speicher eine vorläufige Bleibe bis zur nächsten Ausmistung.

Wenn ich mein Leben in drei Abschnitte einteilen und für jeden Abschnitt einige Worte finden müsste, würden diese lauten:
1. Phase: Sehnsucht, Neugier, Angst
2. Phase: Glaube, Hoffnung, Liebe
3. Phase: Gelassenheit, Ernte
Als ich diesen Bericht geschrieben habe, ist mir beim Durchlesen immer mehr eingefallen. Es ist der Anlass, gedanklich in der Vergangenheit zu stöbern und ich

habe Dinge gefunden, die schon fast vergessen schienen. Alles kann ich nicht aufschreiben, doch die Abschnitte enden nicht auf dem Blatt Papier, im Kopf gehen sie weiter und weiter, wie ein Kopfkino sozusagen.

Ausgangspunkt meines Berichtes war der 25. Geburtstag meiner lieben Tochter am 25. des Monats. Warum sollte mir dieser Geburtstag in Erinnerung bleiben? Und warum hat mich der Gedanke daran veranlasst, dieses alles zu schreiben?

Meine Tochter wollte keine große Feier oder gar eine Überraschungsfete mit allen wichtigen Leuten, die bisher ihren Lebensweg kreuzten. Nein, es sollten nur ein paar Gäste sein, sonst nichts. "Dann machen wir das so. Es ist dein Fest und ich helfe dir gerne, wenn du mich brauchst", antwortete ich: "Sag mir dann, was ich tun soll."

Einen Tag vor der Feier berichtete sie mir, dass die wenigen Leute abgesagt hätten. Auch von meiner besten Freundin, auf die sie noch hoffte, wusste sie nun, dass diese einen Betriebsausflug hatte.

Meine Tochter setzte sich zu mir, total traurig und versank in Selbstmitleid. In solchen Momenten fühle ich mich besonders mit meinen Töchtern verbunden und ich litt mit ihr.

"Du kannst ja deinen Bruder fragen, ob der Lust hat zu kommen, damit wenigstens einer da ist", sagte sie zu mir.

Kein Problem! Sie sollte ihre kleine Feier bekommen. Mein Bruder ist immer gut drauf und kann Leute sehr witzig unterhalten. Welche Leute?

Als ich ihn anrief, lud ich nicht nur ihn, sondern auch seine Lebensgefährtin, seinen Sohn und dessen Freundin ein. Toll, das wäre gebongt.

In der Mittagspause des 25. kam meine Tochter nach Hause und ich erzählte ihr von den eingeladenen Gästen. Mittlerweile hatten die beiden Kolleginnen doch noch zugesagt. Das wusste ich nicht und habe darin auch kein Problem gesehen. Aber meine Tochter wollte nur meinen Bruder sehen und nicht dessen Anhang. Am schlimmsten war die Freundin des Sohnes für sie, mit der sie überhaupt nichts zu tun hätte.

Morgens hatte ich noch mit meiner Tochter mitgelitten und ihr draußen alles für die Feier vorbereitet, weil ihr die Zeit dazu fehlte. Was war das denn jetzt? Sie steigerte sich immer mehr in ihren Frust hinein, schrie, fluchte, bekam die Kurve nicht und titulierte mich mit krassen Schimpfwörtern. Hätte ich das gewusst, ich hätte mich nicht eingemischt. Meine Tochter war so böse geworden und ist total ausgeflippt!

Hätte ich mir diese Eskalation bei meinen Eltern erlaubt, ich hätte dies nicht überlebt.

Meine Tochter hat mich schreiend ausgeladen und das Ganze mit bösen Wörtern bekräftigt. Aber ich stand ihr nicht viel nach. Auch ich bekam einen Wutanfall und ließ alles Böse, das in mir war, nach außen. So ein Undank! Sie hatte mich doch in die Rolle der "Geburtstagsplanerin" gedrängt. Ich wollte diese Rolle nicht. Aber durch ihr Gejammer über die Absagen und durch ihre Aussage, dass alles in ihrem Leben schief laufen würde, bin ich aktiv geworden.

Nachdem wir uns alle Bösartigkeiten dieser Welt an den Kopf geschrien hatten, von wegen "du sollst Vater und Mutter ehren", wie es in der Bibel im vierten Gebot steht, flogen die Türen und jede ging wutentbrannt ihren Weg.

Mein Mann tat mir unendlich leid. Er geriet zwischen die Fronten und musste resigniert feststellen, dass er nicht vermitteln konnte. Das letzte, was ich meiner Tochter nachrief war: "Niemals würde ich an deiner Feier teilnehmen, eher würde ich den Balkon hinunterspringen."

So, der Druck war raus und innen war alles leer. Ein kurzes Telefonat mit meinem Bruder, dem ich alles erzählte. Alles, denn wir verstanden uns. Bis auf eine kurze Auszeit waren wir uns immer sehr nahe. Nun konnte das Leben weitergehen. Mein Bruder beruhigte mich und erzählte von ähnlichen Eskalationen mit seinem Sohn. "Wenn du wirklich nicht mit ihr feiern willst, kommen wir dich abholen und fahren gemeinsam in die Stadt. Da setzen wir uns draußen hin, beobachten die Leute und essen etwas Gutes", sagte er.

Ja, in den entscheidenden Phasen meines Lebens war er für mich da, außer in den schwierigen Jahren mit unserer Mutter. Nun hatte ich doch noch einen schönen Abend vor mir. Ich fühlte mich in meiner Wut als Siegerin und über alle Dinge erhaben.

Bis zum Abend hatte ich mein "heißgeliebte" Tochter in meinen Gedanken fortwährend beschimpft und tituliert. Ich kam nicht runter, fuhr wie in Trance in der Gegend umher und die Zeit bis zum Treffen mit meinem Bruder erschien mir endlos.

Was waren das für Gefühle? Ich mit meinem festen Glauben an die Liebe Gottes und die Liebe zu meinen Kindern und allen anderen? Das war doch nicht ich!

Meine Tochter hatte hormonelle Probleme und eine Enttäuschung hinter sich. Das liebe Mädchen, das eben mal seine nicht dagewesene Pubertät auslebt. Ja, das war die Lösung.

Und ich? Hatte ich das verdient, da ich doch mein ganzes Leben auf meine Kinder ausgerichtet hatte? Meine Kinder sollten nie die Fürbitte vorlesen müssen: "Lieber Gott, ich möchte, dass meine Eltern mehr Verständnis und mehr Zeit für mich haben." Ja, ich hatte es verdient.

Ich wollte doch immer mit viel Liebe und solidarisch mit meinen Kindern auf gleicher Augenhöhe sein. Ich hatte es verdient und diese Erkenntnis tat gut. Alles, was ich aufgebaut hatte, war gut.

Wir haben uns zwar 10 Tage nicht beachtet, nicht angeschaut, uns gemieden und ignoriert. Aber es hat unserer Liebe keinen Abbruch getan. Wir gehen nun beide liebevoller miteinander um, sagen uns schon mal die Meinung, doch niemand möchte dem anderen wehtun wie damals, am 25. Geburtstag am 25. Tag des Monats.

Was macht dieser Bericht mit mir, wenn ich ihn erneut durchlese? Er intensiviert meine Gefühle. Ich gehe durch einen Zeit-Tunnel hindurch und begebe mich auf Spurensuche. Das "Damals" ist wieder präsent. Ich frage mich, ob ich das, was ich früher erlebt habe, in richtige Worte fassen kann. Ich kann es! Gefühle werden im Normalfall nicht ganz gelöscht und lassen sich aus dem Unterbewusstsein wohl immer wieder hervorholen. So habe ich es empfunden.

Was meine gegenwärtigen Gefühle betrifft, so weiß ich nun, wenn man viel Liebe, Zeit und Verständnis investiert, dann möchte man auch was zurückbekommen. Vielleicht doch ein kleines Dankeschön. So sind wir Menschen eben - menschlich.

Mona schreibt

Die stressige Weihnachtszeit lag hinter uns. Wie jedes Jahr hatten wir den 2. Weihnachtstag gemeinsam mit meiner Schwester, meinen beiden Brüdern und deren Familien bei uns gefeiert. Es war schön, aber anstrengend. Heute war der 3. Januar und es war mein letzter Arbeitstag. Vor mir lagen endlich zwei Wochen Urlaub. Die hatte ich wirklich nötig. Ich fühlte mich erschöpft und ausgepowert.

Mein jüngster Sohn stand ein paar Tage vor seinem schriftlichen Abitur. Er war ein halbes Jahr vorher ernsthaft erkrankt, saß zeitweise im Rollstuhl und hatte keine gute Prognose. Mittlerweile konnte er wieder einigermaßen ohne Krücken gehen, musste jedoch wegen einer Autoimmunerkrankung starke Medikamente nehmen. Er hatte auf veganes Essen umgestellt, das ich schon morgens vorbereitete und seine Stimmung wechselte zwischen depressiv und kämpferisch. Meine Ehe befand sich an einem Tiefpunkt und die gesamte Situation belastete die Familie. Schon seit Monaten fühlte ich mich fremdbestimmt, hilflos, überfordert und gefangen in einem Leben, das ich so nicht wollte. Hinzu kamen die ständige Angst und Sorgen um meinen jüngsten Sohn und die andauernde Sprachlosigkeit zwischen mir und meinem Mann.

Ich war müde und fühlte mich gehetzt, als ich am frühen Abend nach Hause kam. Die Arbeit war stressig und ich ärgerte mich über mich selbst. Warum hatte ich auch diese ganzen Einkäufe unbedingt noch erledigen müssen? Eigentlich hätte das auch mein Mann übernehmen können. Jetzt würde ich zu spät zu meiner Verabredung kommen. Am liebsten würde ich sowieso absagen, da ich eigentlich keine Lust auf einen Frauenabend hatte. Dann könnte ich noch etwas Zeit mit meinem älteren Sohn verbringen, den ich kaum noch sah, seit er auswärts studierte und der bald wieder abreisen würde. Das würde ich nachher entscheiden.

Als ich aus dem Auto stieg, öffnete mein Mann die Haustür und stand weinend mit aschfahlem Gesicht im Hausflur. So hatte ich ihn noch nicht erlebt. Dieser Blick fuhr mir durch Mark und Bein und im Bruchteil einer Sekunde wusste ich, dass jemand gestorben war. Ich war wie elektrisiert und fühlte die Angst in mir aufsteigen, mein Adrenalin schoss in die Höhe und mein Puls fing zu rasen an. Mir wurde schlecht. Jetzt ist sie passiert, die Katastrophe, die jeden früher oder später irgendwann trifft. Es sind nicht immer nur die anderen, dachte ich. Ich betete, bitte lieber Gott, lass es nicht einen meiner Söhne sein, lass es keinen von meinen Geschwistern sein, nicht die Kinder ... Ich nahm noch wahr, dass unser zweites Auto auf dem Hof stand - also kein Autounfall. Vielleicht ist es ja meine Schwiegermutter. Erleichterung machte sich kurz in mir breit, doch im gleichen Augenblick hatte ich ein schlechtes Gewissen, weil ich diesen Gedanken hatte. Eine Flut von diffusen Szenarien stürzte auf mich ein, während ich ins Haus ging. Ich musste wissen, wer es war und gleichzeitig hatte ich solche Angst vor der Gewissheit.

Als mein Mann sagte: "Andi ist heute Nachmittag beim Skifahren tödlich verunglückt, es ist alles so schrecklich", fühlte ich mich wie betäubt und konnte kaum atmen. Ich war geschockt, habe geschrien und hatte irgendwie das Gefühl neben mir zu stehen.

Das konnte doch nicht wahr sein, das war doch nicht ich, die das gerade erlebte. Ich fühlte mich wie ein Luftballon, aus dem schlagartig alle Luft entweicht. Mein Mann wollte mich in den Arm nehmen, aber ich konnte diese Nähe nicht ertragen. Ich sackte zusammen und kauerte auf dem Boden.

Alles in mir wehrte sich gegen das Unausweichliche. Immer wieder dachte ich nur: Nein, nein, das kann doch nicht sein. Ich war außer mir und konnte keinen klaren Gedanken mehr fassen. Nicht Andreas, mein jüngster Bruder, nicht mein süßer "kleiner Andi", den ich so sehr liebte.

Das musste ein Missverständnis sein. Vor einer guten Woche hatten wir doch noch alle hier bei uns Weihnachten gefeiert. Das konnte nicht sein. Ich sah ihn vor mir, gutaussehend, gut gelaunt, sein lächelndes Gesicht. Ich spürte seine Umarmung, als wir uns verabschiedeten.

Dann stellte ich mir vor, wie er tot auf der Piste lag, irgendwo in den Bergen im Schnee, seine weinenden Kinder neben ihm, während ich im Büro mit einer Kollegin Kaffee getrunken und gelacht hatte.

Mir wurde schlecht und ich fühlte mich völlig kraftlos, verzweifelt, ohne jede Energie und unendlich traurig. Wie ferngesteuert, als ob mir jemand den Stecker gezogen hätte.

Tausend Fragen und Gedanken kamen mir in den Sinn:

Was war genau passiert?

Warum musste das so sein?

Das war doch sicher alles ein Irrtum, oder nicht?

Warum er, er war doch noch so jung?

Ich dachte an seine kleinen Kinder und an meine Schwägerin. Wie soll das jetzt weitergehen, ein Leben ohne Andreas?

Wie wird meine Schwägerin das mit drei kleinen Kindern schaffen können?

Meine Söhne, die ihn so geliebt hatten, denen er ein guter Freund war. Meine Geschwister - mein Gott, wie werden wir das alle verkraften? Mein jüngster Sohn kurz vor seinen Abi-Prüfungen. Wie soll das alles gehen? Würde ich das jemals überwinden? Was wird aus unserer Familie?

Innerhalb einer einzigen Minute verwandelte sich meine Welt in einen Scherbenhaufen und ich wusste, dass es niemals mehr so sein würde wie vorher. Ich dachte an die vor uns liegende Zeit, die Beerdigung und fühlte eine Wut auf das Schicksal, ich war zornig auf Gott und spürte gleichzeitig eine unendliche Traurigkeit und Verzweiflung. Ich empfand einen unbeschreiblichen Schmerz über diesen unfassbaren Verlust und fühlte mich all dem hilflos ausgeliefert.

Nachdem ich mich entschlossen hatte an dem Projekt "Emotions-Deskription" teilzunehmen, stand für mich fest, dass ich über den Unfalltod meines Bruders schreiben würde.

Es ist jetzt drei Jahre her und sein Tod war das bisher traumatischste Ereignis meines Lebens. Seitdem gibt es ein "Vorher" und ein "Nachher". Alles ist wie immer, aber nichts ist mehr wie es war. Sein Tod begleitet mich jeden Tag und lässt mich nicht mehr los. Das alles hat mich sehr verändert.

Wir waren vier Geschwister und haben einander sehr nahegestanden. Wir fühlten uns immer sicher und stark, geschützt in unserer Gemeinschaft mit unseren Familien. Wir gaben einander Halt, konnten uns aufeinander verlassen und wurden von anderen oft darum beneidet. Es war ein gutes Gefühl. Es war etwas Besonderes. Alles hat sich verändert. Wir sind nur noch zu dritt und unsere Zuversicht hat Risse bekommen.

Andreas war mein jüngster Bruder und ich die große Schwester. Ich habe ihn bedingungslos geliebt und ich kann mich nicht daran erinnern, jemals mit ihm gestritten zu haben. Er hat Freude und ein Gefühl der Geborgenheit in mein Leben gebracht, sein Leben lang. Er war wie ein Fels in der Brandung.

Nach seinem Tod fühlte ich mich monatelang wie betäubt, niedergeschlagen und freudlos. Ich habe funktioniert, meine Schwägerin unterstützt so gut es ging und den Alltag irgendwie gemeistert …

Mehr als ein Jahr habe ich jeden Tag um ihn geweint, oft gemeinsam mit meiner Schwester und es vergeht immer noch kein Tag, an dem ich nicht an ihn denke und ihn vermisse. Ich war ihm noch nie so nahe, wie seit seinem Tod.

Ich bin in die Berge gefahren und habe auf der Piste gestanden, auf der er verunglückte. Es fühlte sich trotz des Schmerzes und der Trauer irgendwie auch gut an. Immer hatte ich nur schreckliche Vorstellungen von dem "Wo" und "Wie". Jetzt habe ich Erinnerungen.

Allein der Gedanke daran, dass ich über die schlimmste Zeit in meinem Leben schreiben würde, beunruhigte mich sehr. Wollte ich das wirklich? Alles wieder aufwühlen und noch einmal im Detail durchleben? Ich musste wieder ständig an diesen Donnerstagabend denken und fühlte mich wieder hinein katapultiert in meine größte Lebenskrise.

Ich fühlte mich schlecht bei dem Gedanken und schlief nicht gut. Die Traurigkeit machte sich wieder breit und ich fühlte mich wieder hilflos und einsam. Als ich mit dem Schreiben begann und auch währenddessen musste ich immer wieder weinen und konnte immer noch nicht glauben, dass das alles tatsächlich passiert sein sollte.

Die große Lücke, die mein Bruder hinterlassen hat, wurde wieder überdeutlich. Der tiefe Schmerz und die Verzweiflung aber, die ich vorher empfunden hatte, waren einer Wehmut gewichen. Jetzt fühlte ich die Angst in mir hochsteigen, ihn mir eines Tages nicht mehr vorstellen zu können. Mir seine Stimme, seinen Geruch nicht mehr in Erinnerung rufen zu können. Dann ist mir wieder ein Gedicht eingefallen, das ich einmal gelesen hatte und das so gut ausdrückt wie ich empfinde:

Du bist da.
Ich sehe Dich nicht.
Dein Körper wurde mit Erde zugedeckt.
Ich höre Dich nicht,
Deine Stimme rückt ferner von Tag zu Tag.
Meine Hände fassen nach Dir und greifen ins Leere.
Aus Deinen Kleidern verfliegt mir der letzte Duft.
Und doch bist DU da - in mir.

Nachdem ich den ersten Teil meines Berichtes fertiggestellt hatte, schlief ich eine Zeitlang ziemlich schlecht und ich träumte häufiger. Mittlerweile schlafe ich wieder besser.

Die Auseinandersetzung mit dem Tod meines Bruders in Form des Schreibens war sehr intensiv und hatte etwas "Reinigendes". Je mehr ich in mich hineinspüre und über das Geschehene nachdenke, desto mehr fühle ich mich wie eine Zuschauerin.

Ich empfinde mehr Abstand als vorher und auch eine gewisse Erleichterung. Zum ersten Mal habe ich eine Ahnung davon, was es bedeuten kann, sich etwas von der Seele zu schreiben und ich habe die Hoffnung, dass es mir leichter fallen wird loszulassen.

Ich fühle mich freier.

Karoline schreibt zwei Beiträge

1. Beitrag

Schon wieder kann ich nicht schlafen. Die Gedanken kreisen. Wie komme ich aus dem Karussell. Morgen muss ich dies, das und jenes erledigen. Wie werde ich das schaffen? Mit was fange ich an? Reicht die Zeit? Hoffentlich vergesse ich nichts! Das wird mir alles zu viel!

Ich stehe auf, trinke etwas, gehe zur Toilette und löse noch ein Kreuzworträtsel. Jetzt werde ich einschlafen können. Nein, es ist, als ob ein Schalter angeknipst wird, so sind die Gedanken am Morgen wieder da und alles fängt von vorne an.

Jetzt fällt mir ein, dass ich vor einigen Jahren schon einmal dieses Problem hatte und es damals überlisten konnte.

Es war in der letzten Phase meiner beruflichen Tätigkeit in einer verantwortungsvollen Position. Es war ein Wechsel in der Führungsposition. Ein neues EDV-System wurde eingeführt. Das Personal in den weiteren Zimmern auf der Etage wurde umverteilt. Ich war alleine im Sekretariat auf der gesamten Ebene des Gebäudes. Mein neuer Chef kam nur ein- bis zweimal in der Woche zum Besprechen. Meine Kolleginnen und Kollegen befanden sich in einem Neubau. Auch für mich sollte ein Zimmer dort eingerichtet werden. Jedoch wurde immer wieder diese Planung verschoben, was mich nicht erfreute.

Danach kamen Umbaumaßnahmen der Nebenräume des Sekretariats. Auch wurden Wände mit einem Presslufthammer eingerissen. Das war laut und störte mich bei meiner Arbeit.

Die Belastung wurde für mich immer größer. Nachts konnte ich nicht schlafen. Immer wiederkehrende Fragen: Wie wird es aussehen, wenn ich morgens zur Arbeit komme? Wird das EDV-System endlich in Ordnung sein, damit ich meine Aufgaben erledigen kann? Die Fragen ließen mich nicht los. Angst schlich sich ein. Ich merkte, dass meine Leistungsfähigkeit sank und ich auch vergesslicher wurde. Nicht nur an der Arbeit, sondern auch zu Hause. Das hat mich fast in Panik versetzt. Meine Achtsamkeit litt auch! Was konnte ich tun?

Mich jemandem anvertrauen, das kam nicht in Frage. Ich hatte ja nichts! Höchstens kam ich mit den ganzen Umständen nicht so zurecht. Das würde sich ja bald ändern, wenn man endlich einen neuen Raum für meinen Arbeitsbereich einrichten würde. So dachte ich und versuchte weiterhin, die "Welt" zu retten.

Nachts holten mich immer wieder die belastenden Gedanken ein, wie kann ich weiter bestehen? Wie mein Tagespensum schaffen? Wie behalte ich mir den Plan, den ich mir zurecht legte?

Die Rettung meines Schlafes war, dass ich mich an die Worte meines Lehrers in der Schule erinnerte: "Was geschrieben steht, kann man nachlesen." So kam ich auf die Idee, nachts meine Gedanken aufzuschreiben.

Ich ging abends mit Zettel und Stift zu Bett. Sobald die Gedanken wieder kreisten, stand ich auf und schrieb alles auf, was mich belastete. Ich stellte mir vor, dass die Worte aus meinem Kopf über Arme, Hände und Kuli auf das Papier fließen und so alles unvergesslich niedergeschrieben ist. Am nächsten Tag stand mir der Text zur Verfügung.

Er war da - nichts wurde vergessen! Das gab mir ein sicheres, entlastendes Gefühl. Die ganze Belastung schrieb ich mir von der Seele, ließ sie in Form von Buchstaben auf das Papier fließen. Mein Kopf wurde frei. Jetzt konnte der Schlaf kommen. Und er kam!

So entwickelte ich nachts mein Arbeitskonzept für den nächsten Tag, schrieb es auf und meine Angst, dass ich etwas vergessen würde, legte sich. Meine Schlafprobleme lösten sich auf.

Es ist Abend. Jetzt hole ich einen Zettel und einen Stift und schreibe alles auf, was ich morgen irgendwie schaffen möchte. Danach wird wieder Ruhe in meinem Kopf sein, und der Schlaf kann kommen. Meine Angst, dass ich etwas vergesse, wird sich damit verlieren.

Als mich Karoline fragte, ob ihr Text in Ordnung wäre, sagte ich, dass es der kürzeste Beitrag wäre. "Ich würde gern noch mehr schreiben. Aber zurzeit habe ich gute Laune und könnte darüber schreiben", überlegte sie laut. "Prima, dann mach das", ermutigte ich sie. Und so kam Karolines zweiter Beitrag zustande.

2. Beitrag

Immer wieder habe ich mich gefragt, warum ich mich so verwurzelt mit meiner Heimat fühle. Seit langem sind mir die nächsten Verwandten und Vorfahren bekannt. Auch hängt ein Stammbaum von meinem Großvater väterlicherseits bis Anfang des 17. Jahrhunderts im Flur.

Nur über die Mutter meines Vaters wurde nie geredet. Sie starb vor meiner Geburt an Krebs. Seltsam kam es mir vor, dass sie im Gespräch mit älteren Dorfbewohnern immer wieder in Bezug auf mich gebracht wurde. Ich war stolz und gleichzeitig betrübt, wenn gesagt wurde, ich würde ihr ähnlich sehen und mein Wesen käme dem ihren sehr nahe. Wer war diese Frau?

Oft habe ich meinen Vater nach seiner Mutter gefragt. Jedes Mal mischte sich meine Mutter mit den Worten ein: "Sei ruhig, das will doch keiner wissen." Ich wurde wütend über die Reaktion meiner Mutter und zugleich ratlos. Weil ich keine Auskunft bekam, resignierte ich schließlich und versuchte auf anderem Weg etwas über diese Frau zu erfahren. Jedoch waren die Auskünfte im Verwandtenkreis für mich unbefriedigend.

Hoch erfreut war ich, als ich ihre Tracht und andere Kleidungsstücke sowie ihre Nähmaschine, Spinnrad und Brautschleier in einem Schaukasten zum Aufbewahren bekam.

Eines Tages hatte ich die Idee, mich in meine Großmutter zu verwandeln. Freudig habe ich ihre Tracht angezogen, meine Haare gescheitelt und zu einem Knoten gewunden. Dann bin ich zu meinem Vater ins Zimmer gegangen. Mein Vater war sehr erschrocken, wurde leichenblass und starrte mich entsetzt an. "Du siehst aus wie meine Mutter. Mach das nie wieder!" kam es keuchend aus seinem Mund.

Voller Schuldbewusstsein schlich ich davon, packte die Kleidungsstücke in einen Wäschesack und nahm sie jahrelang nicht mehr in die Hände. Trotzdem quälten mich weiterhin die Fragen: Wer war diese Frau? Wer bin ich?

Inzwischen organisierte ich mit einem Kulturkreis in meinem Heimatort einige heimatgeschichtliche Veranstaltungen. So bekam ich Kontakt zu unserem Heimatforscher. Erstaunt nahm ich wahr, dass er meine Vorfahren kannte, auch die meiner Großmutter. Durch Erbansprüche besaß er ein Wohnhaus mit Wirtschaftsgebäuden auf einem früher adligen Anwesen in meinem Wohnort. Ich traute meinen Ohren nicht, als er mir weiter erzählte, dass die Vorfahren meiner Großmutter, somit auch meine, aus einem Adelsgeschlecht stammten, welches den Ort verwaltet und geprägt hat. Seine Kenntnisse reichten bis Anfang des 15. Jahrhunderts.

Jetzt war meine Neugierde erst richtig geweckt. Ein Adelsgeschlecht - wer hätte das gedacht? Das hörte sich gut an.

Ehrgeizig fing ich jetzt an, mich im Ort umzuhören und konkret nachzufragen. Erstaunt und erfreut stellte ich fest, dass es einige Leute gab, die sich für diese Geschichte interessierten. Aber, umso mehr Unterlagen ich sammelte, umso mehr wuchsen meine Zweifel, ob das alles stimmte.

Vor 10 Jahren starb mein Vater. Drei Jahre danach überreichte mir meine Mutter einen Schuhkarton und einen alten Aktenordner mit den Worten: "Das sind die Unterlagen, die dein Vater gesammelt hat. Vielleicht kannst du etwas damit anfangen oder verbrenne sie."

Zuerst war ich erschüttert und wütend über ihr Ansinnen, ich könnte so ein Erbe verbrennen und stand da wie vom Blitz getroffen. Jedoch kam auch schnell ein Gefühl von Dankbarkeit und ich nahm alles entgegen, es konnte darin eine Antwort auf viele meiner Fragen stehen.

Neugierig öffnete ich Schachtel und Ordner. Ein Glückgefühl breitete sich in meinem Körper aus. Sollte ich endlich etwas über meine Oma erfahren?

Freudig sichtete ich die Unterlagen. Es waren Baupläne, Unterlagen über Flurbereinigung, Auszüge vom Katasteramt, Briefe und Karten, Konfirmationsurkunden im Jugendstil, Schulzeugnisse vom Ende des 19. Jahrhunderts, ein Wehrpass und vieles mehr. Erstaunt fand ich einen Ehevertrag meines Ururgroßvaters von 1820. Die Brauteltern hatten mit drei Kreuzen unterschrieben. Ich war glücklich. Es waren Unterlagen von den Vorfahren meiner Großmutter väterlicherseits, von der Frau, der ich angeblich so ähnlich war.

Jedoch stellte ich entsetzt fest, dass mein Vater die alten Dokumente aus Büttenpapier gelocht und abgeheftet hatte. Zum Teil waren sie mit rostigen Büroklammern zusammengehalten. Ein banges Gefühl schlich sich bei mir ein. In diesem Zustand konnte ich die Unterlagen nicht lassen. Sie würden die nächsten Jahre nicht überleben.

Es fiel mir das Stadtarchiv ein. Schnell bekam ich einen Termin beim Leiter des Amtes. Skeptisch betrachtete er den Inhalt des Kartons und den Aktenordner. Er schaute sich die Dokumente genau an. Sein Mund verzog sich zu einem breiten Grinsen und er sagte zu mir: "Da haben Sie einen kleinen Familienschatz. Bewahren Sie ihn gut auf oder, wenn Sie nicht wissen wohin damit, geben Sie ihn dem Kreisarchiv zum Ablegen. Er muss gepflegt werden, gesichtet und geordnet. Es ist ein Stück örtlicher Zeit-, Orts- und Familiengeschichte. Als Einheit ist es wertvoll."

Er gab mir säurefreie Sammelmappen und Karton, damit ich alles geschützt verwahren konnte. Voller Ehrfurcht vor diesen gewichtigen Unterlagen trat ich den Heimweg an. Ich spürte diese erwartungsvolle Freude: Steckte da doch vielleicht eine Teilantwort auf meine vielen Fragen bezüglich der Herkunft der Mutter meines Vaters darin?

Seit dieser Zeit beschäftige ich mich intensiv mit großer Motivation mit der Erforschung des Lebens meiner Vorfahren. Zuerst legte ich eine Datei mit den Namen, wenn möglich mit Geburts- und Sterbedatum an. Schnell genügte mir dies nicht. Ich wollte mehr wissen, die Namen mit Leben füllen. Ich erlebe eine große Zufriedenheit, wenn ich wieder ein Puzzlesteinchen gefunden habe und Schritt für Schritt die Vergangenheit erobere. Glücklicherweise kann ich ihr unvoreingenommen und objektiv begegnen.

Die Vorfahren meiner Großmutter väterlicherseits kamen aus dem Landadel und waren die Herren in meinem Heimatort. Ende des 15. Jahrhunderts bauten sie einen Eisenhammer zu einem schlossähnlichen Gebäude mit Turmanbau um, errichteten mehrere Nebengebäude, die im Laufe der Jahrhunderte immer wieder ergänzt wurden und bis heute zum Teil bewohnt sind. Davor waren sie in der Ritterschaft des Landgrafen von Hessen, schlossen sich zu einer Ganerbenschaft zusammen und traten als Raubritter auf. Dies entnahm ich aus den Gerichtsakten.

Zielstrebig durchforste ich alte Aufzeichnungen. Ich verfüge über viele Unterlagen in Abschrift aus Archiven, versuche die unterschiedlichen Handschriften zu entziffern und bin froh, dass mir mein PC weiterhelfen kann. Inzwischen reicht die lückenlose Ahnentafel bis weit ins Mittelalter und diese Linie geht bis in den deutschen Hochadel. Dies erfüllt mich mit besonderem Stolz, aber auch Demut davor, dass ich davon auch etwas in mir trage.

Es sind Frauen, die zum Teil unter Stand verheiratet wurden, so verwischte sich der Verlauf des Adelsgeschlechts und die Namen änderten sich. Mit großer Genugtuung stellte ich fest, dass viele Frauen unter meinen Vorfahren dieser Linie sind, die in ihrem Leben etwas bewegt haben. Nennen möchte ich Elisabeth von Thüringen und ihre Tochter Sofie von Brabant.

Inzwischen habe ich herausgefunden, dass viele Menschen in meinem Heimatort die gleichen adligen Vorfahren haben. Jedoch nur wenige sprechen darüber oder wissen Bescheid. Erfreut stelle ich fest, wenn ich das Gespräch darauf bringe und berichte, dass ich auch bei ihnen die Neugierde wecken kann.

Mittlerweile bin ich rundum zufrieden und glücklich, dass ich so viele Fragen gelöst habe. Das Leben aller meiner Vorfahren zu erkunden, wird mich auch in den nächsten Jahren beschäftigen. Haben doch meine Kinder mich gebeten, alles mal aufzuschreiben, aber bitte so, dass sie es auch verstehen können. Es durchströmt mich eine wohltuende Wärme bei dem Gedanken, dass ich für sie dadurch die Vorfahren lebendig werden lassen kann.

Cordula schreibt

Als ich sieben Jahre alt war, waren meine Oma, meine Schwester und ich auf der Flucht. 1959 hatten meine Eltern die DDR verlassen. Sie waren auch geflüchtet und wir Kinder sollten nachkommen, sobald eine Wohnung gefunden war. Daraus wurde nichts, weil kurze Zeit danach die Gesetzeslage in der DDR geändert wurde. Ein Jahr lang lebten ich und meine Schwester bei den Großeltern in Jena.

Als klar war, dass wir Kinder nicht auf legalem Weg zu den Eltern nach Westdeutschland kommen konnten, überquerte unsere Oma mit uns die Grenze von Ost- nach Westberlin in der U-Bahn.

1960 pendelten die Berliner Arbeiter noch zwischen den getrennten Sektoren unter strenger Kontrolle. Die Zeit bei den Großeltern war nicht leicht, weil ich aufsässig und trotzig war. Ich wurde von Oma mit einem Riemen geschlagen, wenn sie sich nicht mehr zu helfen wusste. Man sprach davon, mich in ein Kinderheim zu schaffen. Keiner ist mit der Situation richtig fertig geworden.

In der Schule stellte man mich direkt auf die Treppe am Ausgang, wo alle anderen vorbei gehen mussten, um auf den Schulhof zu kommen. Um den Hals hatte man (der Direktor, der Lehrer, der Hausmeister?) mir ein großes Schild mit der Aufschrift: "Ich bin Kind von Republikflüchtlingen", gehängt.

Heute kann ich damit keine Gefühle mehr verbinden. Wahrscheinlich habe ich die Situation gar nicht verstanden und war nur verwundert und wusste nicht, was mit mir passierte. Die meisten, die an mir vorbeigingen, schauten schnell wieder weg. Ich meine aber auch heute noch genau zu wissen, wo ich auf der Treppe stand, ich sehe den Platz vor mir.

Oma und Opa sind in der DDR geblieben. An diese Ereignisse habe ich mich erst erinnert, als ich depressiv war.

Heute, selbst als Pädagogin tätig, kann ich mir an den Kopf greifen! Was für einen psychischen Krüppel wollte man da heranziehen? Als Erst- und Zweitklässlerin wurde ich dem Spott, eventuell Zorn der ganzen Schule ausgesetzt.

Im Laufe meines 65jährigen Lebens hatte ich mehrmals mit längeren Depressionsphasen zu kämpfen. Immer wieder kam ich mit Therapeuten auf diese Episode in der Schule zu sprechen. Ich sehe mich dann wieder am Treppengeländer stehen. Aber ich empfinde keinen Hass, keine Trauer. Wahrscheinlich war ich noch zu klein, um es zu verstehen.

Aber es wird psychische Folgen in mir hervorgerufen haben. Wem soll ich vergeben? Ich erinnere mich jetzt an keinen meiner Lehrer.

Diese Erinnerungen wurden letzte Woche wieder einmal in mir ausgelöst, als ich in der Volkshochschule Lich eine Fotoausstellung ansah. Auf Collagen war teilweise das Schicksal eines Mädchens abgebildet, das in den Westen floh und von den Eltern getrennt wurde. Teile von Briefen des Roten Kreuzes waren mit verarbeitet, Bilder des Brandenburger Tors, von Soldaten mit Gewehren, der Mauer, der Grenze. Als ich letztes Jahr einige Papiere meiner Eltern durchsah, fand ich auch so einen Brief des Roten Kreuzes, in dem meinen Eltern die Ratschläge und Anweisungen gegeben wurden, um uns aus der DDR zu holen.

Als ich das identische Briefpapier mit der gleichen Schreibmaschinenschrift und dem gleichen Briefkopf sah, stieg mir ein Kloß in den Hals. Ich begann eifrig, fast hektisch die Bilder zu fotografieren, die Teil meiner Kindheit sind. Auch muss ich immer die Tränen unterdrücken und heftig schlucken, wenn ich einen Film vom 2. Weltkrieg und dem Mauerbau in Berlin zeige oder sehe.

Wie viele Menschen teilen mein Schicksal? Die Zeit, die Familie, die Arbeit, der Alltag, der Stress und die

Mußestunden helfen solche schlimmen Erlebnisse zu verkraften. Viele schaffen es nicht.

Ich schreibe schon ewig Tagebuch. Als die Kinder klein waren, machte ich eine große Pause. Dann aber irgendwann griff ich wieder zur Feder, weil ich wusste, dass mir das Schreiben gut tut.

Die Gedanken, Ideen, die Widerspiegelung von Sorgen, Schmerzen, Erinnerungen, ungelöste Probleme - alles lässt sich besser an, wenn man sie formuliert und damit quasi vor sich stellt, externiert. Dann kann man sie von außen betrachten, hat etwas Abstand von ihnen und kommt besser mit ihnen zurecht.

Natürlich wäre eine aufmerksame und mitfühlende Person noch besser. Aber wo findet man die immer gleich, wenn man sie bräuchte. Also ist das Schreiben eine praktische Methode, um etwas Ideelles in die eigene Wirklichkeit zu bringen. Und zwar so, dass man damit umgehen kann, ohne sich von Problemen etc. beherrschen zu lassen.

Na, so einfach ist es nicht. Aber der 1. Schritt hinzu auf die Annahme, auf die Vergebung, auf ein "Verdauen". Steht das Problem erst einmal "vor" mir auf dem Papier, dann kann ich es immer wieder aus verschiedenen Blickwinkeln betrachten. Und idealerweise nimmt es dann bei jeder Betrachtung an Ernst und Schwere ab.

Ulla schreibt

Ich habe gern an meinem Roman "Aus dem Leben einer Königin" geschrieben. Dann gab es eine Pause. Der Grund, weshalb ich Ende des Jahres 2015 (genau am 29.12.2015) mein Romanschreiben wieder aufgenommen habe, waren die unsäglichen Nachrichten, die sich um den Flüchtlingsstrom drehten.

Ich beobachte seit Monaten, dass die Politiker in unserem Land unfähig sind, das immer größer werdende Problem zu lösen, das die Riesenanzahl der Flüchtlinge mit sich bringt.

Bevor ich nun zum Schreiben meines lebensbegleitenden Romans zurückkam, habe ich schon in Briefen an die Politiker versucht, meine Auffassung als deutsche Staatsbürgerin kundzutun. Ich fühlte mich ohnmächtig. Das war emotional sehr belastend.

Der Druck in mir war also groß vor dem Schreiben meines Romans. Während ich schrieb, fühlte ich mich erleichtert, war ich doch aktiv! Sowohl was das Tun, das Schreiben und damit das mich Beschäftigen mit dem Thema angeht, als auch, was das Suchen und Finden von Lösungen betrifft.

Interessant für mich war zu beobachten, wie sich die Szenen und Gespräche der Personen in meinem Roman ohne mein Zutun sozusagen in der Situation, die ich beschrieb, von selbst entwickelten. Ich war nicht Planerin dieser Szenen oder Gesprächsabläufe, sondern sie ergaben sich automatisch wie von selbst. Sehr oft war ich überrascht von meinen Personen und deren Handeln und Tun, von Aussagen, Fragen, Antworten, Lösungsvorschlägen und Bedenken. Ich war nicht mehr "Schöpferin", sondern meine Geschöpfe handelten selbständig. Manchmal hatte ich Schwierigkeiten hinterherzukommen mit dem Aufschreiben dessen, was geschah und gesprochen wurde.

Ziemlich erschöpft ließ ich häufig am Ende einer Szene oder eines Gesprächs den Kugelschreiber sinken und war froh, dass das Kapitel geschafft war.

Beim Lesen des Geschriebenen wunderte ich mich, was da alles stand! Erst recht wunderte ich mich, als ich das Geschriebene vorlas, mal einer Freundin beim Frühstück, mal einer beim Nachmittagskaffee. Und oft, wenn ich das Geschriebene nach einem oder mehreren Tages wieder las, wunderte ich mich auch. Natürlich verändert sich etwas in meinem Denken und Fühlen während des Schreibens. Vor allem fühlte ich mich erleichtert, waren doch meine Gedanken und guten Ideen nun auf dem Papier gebannt.

Zurück zu dem Auslöser meines Schreibens. Wäre ich Königin, dann sähe meine Lösung des Flüchtlingsproblems so aus:

Sofortiger Stopp des Flüchtlingsstroms. Das heißt: Alle bleiben auf der Stelle, wo sie gerade sind, und werden dort durch das internationale Flüchtlingswerk versorgt. Nur mehrfach kontrollierte Personen dürfen weiterreisen und eine gut gesicherte Grenze passieren.

Eine nicht nur deutschlandweite, sondern europaweite Razzia durch Polizei und Soldaten soll alle Illegalen aufgreifen und in ihre Heimatländer zurückbringen. So wäre garantiert, dass nur die Asyl bekommen, die wirklich Asylanspruch haben. Jedes Land in Europa hat das Recht keine Flüchtlinge aufzunehmen. Punkt!

Die Frage nach dem Warum stelle ich mir ab und zu. Warum habe ich mich beim Schreiben zur Königin gemacht, die vor 500 Jahren in ihrem kleinen, unabhängigen Königreich regiert und in diesem Reich alles an Problemen erlebt, was es zu unserer Zeit auch an Problemen und Situationen gibt?

Ja, ich wünsche mir, diese Königin zu sein und diesen Handlungsrahmen und diese Macht zu haben, die mir nur meine Fantasie erlaubt. Das ist ein wunderbares

Gefühl, sich vorzustellen unangefochten schalten und walten zu können.

Diese Königin ist inzwischen 73 Jahre alt und hat ein langes, ereignisreiches Leben hinter sich und vor allem hat sie die Verantwortung für ihr Volk. Sie hat viel delegiert, wie das so üblich ist. Sie hat Minister, Verwalter, Juristen, Polizisten, Grenzhüter, Zöllner, sogar Soldaten, die ihr Land im Notfall verteidigen müssen, aber die bisher nie selbst in einen Krieg ziehen mussten.

Sie war einmal verheiratet, hat einen zweiten geliebten Ehemann gehabt, den Herzog Erik, der vor sieben Jahren gestorben ist. Es gibt einen Dauerfreund an ihrer Seite. Das ist der verwitwete Graf Bernardino (80), ein Verwandter aus der italienischen Linie ihrer Familie.

Graf Bernardino hat ihr schon vor 30 Jahren die Bücher zu lesen gegeben, die ihre aufgeklärte und "Habe-Mut-dich-deines-eigenen-Verstandes-zu-bedienende" Haltung begründet haben. Die Königin ist daher mit dem Gedankengut der alten Griechen und Römer vertraut, aber auch mit allem, was sich in 1500 Jahren in Europa ereignet hat.

Diese Königin ist die ideale Frau, die Regentin eines Reiches, in dem alles perfekt geregelt ist oder von ihr geregelt wird. Sie ist klug, belesen, kulturell interessiert und hat gute Berater um sich, mit denen sie spricht, bevor sie eine Entscheidung trifft. Sie ist nie autoritär, sondern vernünftig und denkt an ihr Volk. Sie hat von ihrem Vater, dem verstorbenen weisen König, vermittelt bekommen, dass sie jederzeit Schaden vom Volk abwenden soll. Da haben wir den Schwur, den auch heute unsere Politiker ablegen!

Beim Schreiben merke ich, wie schwer es oft ist, für auftauchende Probleme eine gute und für alle akzeptierbare Lösung zu finden. Aber selbst wenn ein Kapitel einmal ohne Lösung endet, so ist doch die Vorarbeit geleistet.

Dadurch kann ich übrigens verstehen, warum manche Politiker nur schwer zu schnellen und brauchbaren Lösungen kommen.

Aber Politik ist nicht alles, was im Leben "meiner" Königin eine Rolle spielt. Am 24. Januar 2016 hätte ich ein Kapitel über eine Theatergruppe schreiben können, die im Schloss angekommen war. Im großen Theatersaal hatte diese Gruppe das Singspiel "Figaros Hochzeit" aufgeführt. Das hatte der Königin und allen Zuschauerinnen und Zuschauern sehr gut gefallen.

Verschiedene Künstlergruppen, die durchs Land fahren, finden immer im Schloss eine Bleibe. Es gibt Unterbringungsmöglichkeiten für die Planwagen. Die fahrenden Künstler werden, wenn sie es wollen, in Zimmern untergebracht und bestens mit Speis und Trank versorgt. Alle am Hof lebenden Personen können diese Musik- oder Theateraufführungen erfreuen, dafür sorgt die Königin.

Das, was ich am Schluss noch betonen möchte, ist, dass dieser lebensbegleitende Roman, der inzwischen viele Seiten umfasst, nur für mich und einige gute Freundinnen geschrieben worden ist und noch weiter von mir geschrieben wird.

7. Sechs Berichte von sechs mutigen Frauen

Ich habe mich über diese Berichte sehr gefreut und möchte mich ganz herzlich bei Kerstin, Marie-Kathrin, Mona, Karoline, Cordula und Ulla herzlich bedanken. Diese sechs Emotions-Deskriptionen sind eine kleine Gelegenheitsstichprobe, die aus meiner Sicht trotzdem zahlreiche Erkenntnisse liefert. Davon bin ich überzeugt.

Auch viele andere Menschen könnten ähnliche Berichte schreiben und zu ähnlichen Erkenntnissen kommen. Allerdings ist es etwas anderes, nur für sich und im stillen Kämmerchen zu schreiben. Diese sechs Frauen wussten, dass andere ihre Berichte lesen würden. Und nicht immer werden dieser Mut und diese Offenheit belohnt. Aber dieses Risiko sind sie eingegangen. Mit an Sicherheit grenzender Wahrscheinlichkeit wird das, was geschrieben worden ist, bewertet. Die Berichte gefallen der Leserin oder dem Leser mehr oder weniger gut. Und nicht jeder Bericht wird von jedem Lob und Anerkennung erhalten. Das war den Frauen bewusst und trotzdem haben sie sich für das Mitmachen entschieden.

Kerstin und Ulla sind die einzigen, die ihre richtigen Vornamen angegeben haben. Die anderen Frauen wählten neue Vornamen, um sich und diejenigen zu schützen, über die sie geschrieben haben.

Alle Beteiligten, wie die Töchter von Kerstin und Marie-Kathrin, sind informiert worden und waren mit der Berichterstattung ihrer Mütter einverstanden. Auch das war etwas, was nicht übersehen werden durfte. Die Frage der Diskretion war sehr wichtig und veranlasste vier der Frauen nicht über das zu schreiben, was sie aktuell bedrückte.

Ulla, die sehr an Politik interessiert ist und dieses Interesse mit ihrem Lebens-Romanschreiben verbinden konnte, widmete sich einem aktuellen Thema: der Flüchtlingsproblematik. Karoline war die einzige, die über ein für sie erfreuliches Thema geschrieben hat, die Ahnenforschung. Durch ihre Themenwahl waren Ulla und Karoline nicht in der Verpflichtung andere zu fragen.

Mir war es wichtig, dass ich bei diesem Experiment mit Menschen zusammen arbeiten konnte, zu denen ich eine positive kommunikative Basis habe und die mit den Rahmenbedingungen einverstanden waren. Das machte mir den Schritt zu dieser Veröffentlichung leichter. Wir, diese sechs Frauen und ich, können uns stundenlang austauschen und offen und vertrauensvoll miteinander reden. Natürlich sind wir nicht immer einer Meinung, diskutieren dann manchmal heftig und einigen uns. Dieses könnte als positive Streitkultur bezeichnet werden. Das ist besonders erstaunlich, weil wir nicht in einem Alter sind. Die Altersspanne reicht von 45 bis 73 Jahren. Fünf Frauen sind verheiratet. Eine ist verwitwet. Es gibt aber auch Gemeinsamkeiten. Alle haben zwei Kinder, sind oder waren berufstätig, sind aktive Persönlichkeiten, haben ein Eigenheim und können der Mittelschicht zugeordnet werden.

Nicht jede der Frauen, die ich gefragt habe, war bereit, über ihre Emotionen zu schreiben. Das kann ich auch nicht erwarten. Vielleicht erinnert sie das Schreiben zu sehr an Schule, vielleicht sehen sie das Schreiben auch als zu aufwendig an und im Verhältnis dazu zu wenig lohnend. Vielleicht möchte sich jemand auch nicht mit den eigenen Emotionen auseinandersetzen. Vielleicht braucht es auch etwas Zeit, die Vorteile zu erkennen, die mit der Emotions-Deskription verbunden sind. Es gibt viele Gründe.

Als ich von den Männern nur Absagen erhalten habe, sprach ich keine weiteren mehr an und beschloss, mich erst einmal nur auf schreibwillige Frauen zu beschränken, nicht nur um mir weitere Frustrationen zu ersparen, sondern auch einen positiven Anfang zu finden, auch wenn er sich allein auf das weibliche Geschlecht bezieht. Frauen können sehr gute Trendsetterinnen sein.

8. Sechs Berichte als Mut machende Beispiele

Zurück zu der Befragung:
Ich hatte jeder Teilnehmerin die gleichen Instruktionen und Informationen gegeben und war überrascht, wie unterschiedlich und individuell jede damit umgegangen ist. Ich fand es wichtig, die Berichte so zu lassen wie sie sind. Man könnte sagen, dass der eine Bericht zu kurz oder der andere zu lang ist, aber das würde der Persönlichkeit, der Offenheit und dem Mitteilungswillen der Schreiberinnen nicht gerecht werden. Die Berichte sind wunderbare Beispiele wie individuell Emotions-Deskriptionen ausfallen können.

Sie sind ebenfalls gute Beispiele wie unterschiedlich die "gesprochene Sprache" und die "geschriebene Sprache" sein können. Das konnte ich bei meinen Beratungsgesprächen und auch bei diesen Berichten feststellen. Ein gutes Beispiel ist der Bericht von Marie-Kathrin, der sich aus Assoziationsketten zusammenfügt, so wie sie sich auch bei meinen Beratungsgesprächen bei manchen Ratsuchenden ergeben.

Bei diesen Assoziationsketten entsteht eine andere Art von Gliederung, die sich nicht mit der Gliederung eines Deutsch-Aufsatzes vergleichen lässt. Ist jemand bereit, sich auf diese Assoziationsketten einzulassen, dann redet oder schreibt er das, was ihm gerade einfällt. Das kann sehr erkenntnisreich sein. Für eine Deutschlehrerin ist es aber nicht akzeptabel, weil die "vernünftige" Gliederung fehlt.

Gedanken, Wünsche und Gefühle schriftlich zu formulieren und zu strukturieren, ist deutlich aufwendiger und schwieriger als sie nur verbal auszudrücken. Sprechen geht viel schneller. Manches kann wunderbar verbal dargestellt werden. Soll es zu Papier gebracht werden, wird das als mühsam und zeitintensiv empfunden. Außerdem wird die Verbindlichkeit der eigenen Aussagen durch das Schreiben erhöht, was nicht immer als vorteilhaft empfunden wird. Dieses "das sag ich mal" wird beim Schreiben sehr selten durch "das schreib ich mal" ersetzt. Wenn ich das, was geschrieben worden ist, mit der "gesprochenen" Wortmenge vergleiche, dann ergibt sich je nach Teilnehmerin ein Verhältnis von eins zu acht. Das heißt: Ein geschriebenes Wort entspricht mindestens acht gesprochenen Wörtern. Reden fällt vielen leichter als Schreiben. Das trifft auch auf diese sechs Berichterstatterinnen zu. Sie reden gern, es ist für sie weniger mühsam als das Schreiben. Dieses erfordert mehr Selbstdisziplin und mehr Zeit, aber es hat auch Vorteile. Es lohnt sich, wie jede der sechs Frauen bestätigte.

9. Individueller Erkenntnisgewinn

Jede Teilnehmerin berichtete, dass das Schreiben einen Erkenntnisgewinn bewirkt hat. Es sind Dinge deutlicher bewusst geworden, was zu neuen produktiven Erkenntnissen geführt hat. Wie die Berichte selbst sind jedoch die Einsichten und der Erkenntnisgewinn unterschiedlich.

Kerstin sagte, dass es ihr noch klarer geworden ist, dass ihre Tochter eine eigenständige Persönlichkeit ist, die ihren Weg gehen wird, auch wenn es der Mutter nicht immer gefällt. Ihre mütterliche Zurückhaltung ist gefragt. Das ist nicht einfach für sie, denn Kerstin ist jemand, der gerne managt, sehr hilfsbereit und um keinen Rat verlegen ist. Und genau das hat bei ihrer Tochter eher eine Abwehrreaktion hervorgerufen.

Für Karoline stand fest, dass sie noch intensiver über ihr Leben schreiben möchte und wie mächtig das Bedürfnis für sie ist, mehr über ihre Person und ihre Herkunft zu erfahren. Daher hat sie über ihr Projekt "Ahnenforschung" geschrieben.

Marie-Kathrin betonte, dass alles, was sie geschrieben hat, wahr ist und dass sie noch mehr über ihr Leben schreiben könnte.

Nachdem Ulla alle anderen Beiträge gelesen hatte, veränderte sie ihren Bericht und kürzte ihn. Sie fühlte sich als ehemalige Deutschlehrerin verpflichtet, auf Kürze und Prägnanz zu achten. Wir diskutierten darüber. Es fiel ihr nicht leicht, die anderen Beiträge unkorrigiert zu lassen. Aber ich bleibe dabei, dass die Emotions-Deskription kein Deutschaufsatz ist und anderen Regeln gehorcht. Das ist mein Erkenntnisgewinn, auch wenn er für jemanden, der einen anderen Hintergrund hat, nicht einfach zu akzeptieren ist.

Es gab noch mehr, was für mich als Erkenntnisgewinn angesehen werden kann. Die Unterschiedlichkeit in der Berichterstattung war für mich doch erstaunlich. Nicht nur die Länge und die Themen variieren, sondern auch die Art des Ausdrucks. Jede Schreiberin hat ihren eigenen Stil, den ich aber bewusst so lassen möchte wie er ist, denn ich möchte nichts Glattgebügeltes.

Bei der Emotions-Deskription kommt es eben nicht auf die "schöne", auf die perfekte Ausdrucksweise an, sondern auf die ehrliche Darstellung aus Sicht der Schreiberin oder des Schreibers.

Auch der Umgang mit den jeweils anderen Berichten war für mich etwas überraschend.

Als alle Beiträge auf dem Papier standen, bekam jede Teilnehmerin diese von mir zugesandt. Damit waren drei Ziele verbunden:

Es sollte Transparenz darüber bestehen, wie die anderen Frauen mit der Aufgabe der Emotions-Deskription umgegangen sind, was sie zu dem Thema geschrieben haben und in welcher Form.

In zwei Fällen wurde daraufhin eine Veränderung vorgenommen. Ulla überarbeitete ihren Beitrag komplett und Karoline war gern bereit war, noch etwas mehr auf ihre Gefühle einzugehen. Als Beispiel wählte sie ihre Ahnenforschung und war damit die einzige, die über positive Gefühle berichtete.

Ich hatte den Eindruck, dass nicht jede Teilnehmerin die Beiträge ihrer Mitschreiberinnen gelesen hatte, was ich aber nicht als Zeichen von Desinteresse werten möchte. Vielmehr ist es eine persönliche Entscheidung, die es zu respektieren gilt.

Abschließend wollte ich noch einmal die Bestätigung, dass alles okay ist und keine Bedenken bestehen, die Berichte zu veröffentlichen.

10. Der ideale Erkenntnisgewinn

Idealerweise möchte ich das ehrliche Schreiben über meine Gefühle, Wünsche und Gedanken als einen Bewusstmachungs- und Erkenntnisprozess ansehen. Zusammenhänge werden klarer, Denkmuster, die nicht effektiv sind, können aufgedeckt und Wünsche, die unrealistisch sind, erkannt werden. Wie ich es zu Beginn beschrieben habe, bekomme ich die Chance, mich besser zu verstehen, mich zu akzeptieren und zu lieben und mir und anderen zu verzeihen. Diese Erkenntnisse führen dann zu einem anderen Verhalten - idealerweise.

Betrachte ich die Rahmenbedingungen des Schreibens, dann befinde ich mich idealerweise in dem positiven Zustand der Achtsamkeit. Ich konzentriere mich auf mich, gebe mir Raum, nehme mir Zeit, über etwas nachzudenken und zu schreiben, was nur mich betrifft.

Meine Gefühle zu erforschen, in mich hinein zu hören, meine Wahrnehmung nur auf mich zu lenken ist keine Egozentrik, sondern die Voraussetzung für eine Verhaltensänderung, die für mein Leben sehr gut sein kann.

Ich schreibe bewusst das Wort "kann". Denn bekanntlich gibt es viele Wege, die zum Ziel führen und nicht jeder Weg kann von jedem Menschen mit dem gewünschten Erfolg gegangen werden.

Für manche Menschen ist auch das Erkennen der eigenen Gefühle ein schwerer Weg. Das erlebe ich bei meinen Beratungsgesprächen und das zeigen ebenfalls die Berichte der sechs Frauen. Die Fragen: "Warum hast du das geschrieben?" oder "Warum war es für dich so wichtig, etwas zu betonen oder zu wiederholen?", sind nur zwei mögliche Beispiele wie man sich noch mehr, noch intensiver den eigenen Gedanken, Wünschen und den damit verbundenen Gefühlen nähern kann, ohne zu glätten oder Zuckerguss darüber zu gießen: Also ein Stückchen mehr Wahrheit zu akzeptieren und ein Stück Erkenntnis hinzu zu gewinnen, das den Weg zu neuen produktiveren Gedanken und Handlungen ebnen kann.

Es gibt Situationen, die allein mit dem Schreiben meiner Gefühle, Wünsche und Gedanken nicht bewältigt werden können. Aber wie Cordula ausführt, ist dieses Schreiben der erste Schritt und die Möglichkeit ist groß, dass die Emotions-Deskription nicht nur bei einer Therapie unterstützend wirken kann, sondern überhaupt den Weg zur professionellen Hilfe ebnet.

11. Anfangen über die eigenen Wünsche, Gefühle und Gedanken zu schreiben

Es ist schon ein wenig ungewöhnlich am Ende eines Buches das Anfangen zu betonen und Mut zu machen einfach anzufangen. Es gibt so viele Möglichkeiten, sich den eigenen Wünschen, Gefühlen und Gedanken schreibend zu nähern wie die Beispiele der sechs Frauen zeigen oder der Brief an Christine, diese imaginäre Enkelin. Ich könnte auch einmal einen Brief an mich selbst über meine Wünsche, Gefühle und Gedanken schreiben oder an eine andere Person, ohne verpflichtet zu sein, dass ich diesen Brief auch wirklich absende oder diese Person wirklich existiert.

Ich wiederhole es gerne, weil ich fest davon überzeugt bin: Aus meiner Sicht lohnt sich diese Emotions-Deskription. Aber was ist mit "sich lohnen" gemeint? Die Vorteile habe ich beschrieben und meine sechs Schreiberinnen stimmen mir von ganzem Herzen zu. Der damit verbundene Erkenntnisgewinn kann nicht nur zu größerem Seelenfrieden führen, sondern auch ganz pragmatisch zu guten realistischen Lösungen, die sogar Zeit und Geld sparen helfen. Der eigene Coach zu sein ist ein erstrebenswertes Ziel, und die Emotions-Deskription ist ein guter Anfang. Was habe ich zu verlieren? Eigentlich nichts, wenn ich einmal auf den Fernsehabend verzichte oder direkt nach dem Frühstück über meine Wünsche, Gefühle und Gedanken schreibe. Aber ich kann etwas gewinnen.

Also los! Nutz die Chance.

12. Danke

Ich bitte diejenigen um Entschuldigung, die die erste Auflage meines Buches „Emotions-Deskription" erhalten haben. Mein Ärger war groß, als mir bewusst wurde, dass ich die unkorrigierte Fassung in Druck gegeben hatte. Das war Weihnachten 2017. Warum ich diesen Fehler begangen habe? Ich weiß es nicht. Ich weiß, dass ich mich nicht nur sehr geärgert habe und wütend auf mich war, sondern auch mit dem Gefühl der Peinlichkeit kämpfen musste. Ich überlegte sogar kurz, wem ich die Schuld zuschreiben könnte, aber es gab leider keine andere Person, die sich dafür geeignet hätte.

Inzwischen gehe ich davon aus, dass ich in der vorweihnachtlichen Hektik diesen Irrtum begangen habe, denn ich wollte dieses Buch unbedingt verschenken. Bei BoD ist leider keine Lektorin oder kein Lektor im Hintergrund. Eigenverantwortlichkeit hat eben auch ihre Tücken.

So wurde die erste Auflage meines Buches zu einem unfreiwilligen Experiment. Ich konnte meine Testpersonen in vier Gruppen einteilen:

1. diejenigen, die nichts zu den Fehlern und nichts zum Buch gesagt haben, waren mit 87% die meisten. Dabei ist davon aus-

zugehen, dass etliche das Buch nach zwei Monaten noch nicht gelesen hatten.

2. 6% haben die Fehler zur Kenntnis genommen, sie aber wohlwollend und tröstend unter dem Aspekt erwähnt: Wo gehobelt wird, da fallen Späne, oder: Wer nichts tut, der macht auch keine Fehler.

3. 3% zeigten wenig Verständnis und teilten mir mit, dass ich das Buch dringend überarbeiten müsse.

4. ebenfalls 4 % gaben mir ein positives Feedback zum Inhalt und erwähnten die Fehler mit keinem Wort.

Es ist sicher gut nachvollziehbar, dass Gruppe vier meine Lieblingsgruppe ist. Aber es ändert nichts. Ich wollte unbedingt eine zweite und hoffentlich fast fehlerfreie Ausgabe (inzwischen bin ich sehr vorsichtig geworden) herausbringen, um meinen Seelenfrieden zu finden und das Buch mit gutem Gewissen empfehlen zu können.

Mein großer Dank gilt den Menschen, die mich bei der Korrektur unterstützt haben, besonders Gaby Sturm, Erika Laupenmühlen und Stefan Koch. Das war wunderbar von ihnen.

Hartmut Wiedling hat mir sehr geholfen, die Veröffentlichung bei BoD zu erreichen. Ich konnte seinen Erfahrungen vertrauen, da er schon etliche eigene lesenswerte Bücher dort veröffentlicht hat.

Moritz Hohenbild hat mich nicht nur motiviert, sondern hat mit seiner Werbeagentur „BizTune OHG" die Weichen im Internet gestellt.

Zu meiner Motivation haben ebenfalls mein Sohn Jens und meine Tochter Jenni beigetragen. Jens war einer der ersten, der mir ein positives Feedback gegeben hat. Jenni war diejenige, die meine Aufmerksamkeit auf das Konzept der Achtsamkeit gelenkt hat.

Ich danke auch allen anderen, die ich namentlich nicht erwähnt habe, die mich aber durch Gespräche und durch ihr Interesse unterstützt haben.

Ich bin zu meiner Literatur gefragt worden. Die Liste ist lang, aber ich erspare mir jede Quelle anzugeben. Die Literatur, die der Emotions-Deskription zugrunde liegt, kann ich in vier Gruppen einteilen. Es sind Bücher und Veröffentlichungen welche

1.   das Schreiben über die eigene Person in den Mittelpunkt stellen, was auch als therapeutisches Schreiben bezeichnet werden kann

2   Formulierungshilfen und Tipps zum richtigen
    Schreiben geben

3. unsere Emotionen, unsere Gefühle zum Inhalt
    haben

4. sich mit der Achtsamkeit auseinandersetzen
    und deren Bedeutung für die positive Lebens-
    gestaltung betonen.

Ein Buch möchte ich doch erwähnen, das auf den ersten Blick nicht zur Emotions-Deskription zu passen
scheint. Es ist das Buch: „Klartext schreiben im Busi-
ness" von Michaela Muschitz. Obwohl der Titel es
nicht vermuten lässt, beschreibt die Autorin an einigen Stellen in einfacher und motivierender Form den
Zusammenhang zwischen Emotion und eigenem
Schreiben.

Das Bild, das die Vorder- und Rückseite des Buches
„Emotions-Deskription" ziert, ist von mir. Es hat den
Titel: „Hoffnungen".

Erwähnen möchte ich auch noch einmal ausdrücklich,
dass dieses Buch „Emotions-Deskription" nicht den
Anspruch einer strengen wissenschaftlichen Abhand-
lung erfüllt und letztlich durch meine guten Erfahrungen mit dem Aufschreiben meiner Gefühle entstanden ist.

161

Raum für Emotionen, Gedanken und Wünsche

Raum für Emotionen, Gedanken und Wünsche

FSC
www.fsc.org
MIX
Papier aus ver-
antwortungsvollen
Quellen
Paper from
responsible sources
FSC® C105338

EB
Edition Bieber
Tilsiter Str. 13   35444 Biebertal
edition.bieber@web.de

Herausgeberin: Dr. Uschi Hohenbild

Herstellung und Verlag:
BoD - Books on Demand, Norderstedt
ISBN 9783746034096